# 山川
# 一問一答
# 公共

公共用語問題研究会 編

JN107629

山川出版社

　「公共」を学習するにあたり、多くの人が、「公共」の扱う範囲・領域が多岐にわたることに戸惑いを覚えるのではないかと思う。「公共」の学習の目標は、私たちが生きる社会（公共的空間）がいかにして成り立っているかを理解し、その社会がもつ問題点や課題の所在と解決方法についてみずから主体的に考え・関わっていくことができるようになることだといえる。このような「公共」の学習の第一歩は、基礎的・基本的な用語を正確に理解することである。理解した用語を使い、社会を概念的にとらえることができるようになれば、学習はがぜん面白くなり、今までにない新たな視点で自分を取り巻く世界がみえてくるはずである。

　本書は、約 2,000 の「公共」の用語を収録してある。『公共用語集』に記載されている用語から、教科書採用頻度数が高いものを中心に精選した。「公共」の学習上必要最小限の用語が取り上げられていることになる。これらの用語を理解することで「公共」の標準的な学習は万全なものとなるだろう。『公共用語集』とあわせて活用することで、学習効果はさらに高まることが期待される。『公共用語集』では、それぞれの節や章に収められている用語を理解していくと、自ずとその章や節で理解しなくてはならない内容の全体像をつかむことができるように工夫されている。

　本書の具体的な使用方法は、一通り学習した後で用語を確認していくというやり方がまずあげられる。ただし、問題文がコンパクトにまとまっているため、予習時に一度みておくという使い方も有効だろう。そして授業なりの学習の後で再び問題にあたるわけである。次には用語をみて、それを説明できるかチャレンジしてみよう。とくに重要な語句については書き出してみるとよい。用語の意味を言語化することが重要だ。さらに、小論文や論述問題に対応するなら、1 つの節や関連した項目のなかで赤文字になっている重要語句を用いて、テーマを設定して 500 字や 800 字程度で説明してみよう。記述力・論述力が確実に身につくだろう。

　「公共」に限らないが、社会科の科目に苦手意識をもっている場合は、まず、本書の★印の多い基本用語だけを解答とあわせて読み込むことから始めたい。一通り章や節全体を把握したところで、1 問ずつ問題に取り組んでいけばよい。また、分野によって得手不得手がある場合、得意な分野は最初から問題を解くところから、不得意な分野は用語と説明を一通り読んでから解いてみよう。

　本書を授業や大学入試、就職試験に活用し大きな成果をあげてほしい。

編者

## 本書の特長と使い方

　本書は、授業や教科書、『用語集』で学習した用語について、覚えているかを、一問一答形式でチェックする問題集です。チェック欄を活用して、身に付くまで繰り返し学習しましょう。また、わからなかった問題は、教科書や『用語集』も使って確認しましょう。

＊本書の目次構成は小社の『公共用語集』に準じています。

> **『用語集』のページ数**
> 　節ごとに、小社『公共用語集』の対応するページを記載しています。わからない用語の説明を、『用語集』で効率よく調べられます。

> **重要度**
> 　"★"マークの数が、解答の用語の重要度を表しています。
> 　重要度は小社『公共用語集』の頻度数に準拠したものです。
> 　なお、『用語集』で項目として立てられていない事項を問う問題などは、適宜、関連する用語の頻度数を参考に、重要度を示しています。
> 問題数：約1,900
> 重要度7以上の
> 　重要用語問題：約1,000

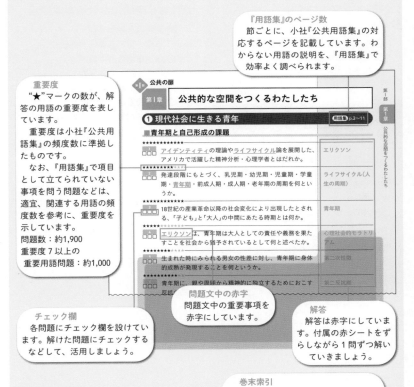

> **問題文中の赤字**
> 　問題文中の重要事項を赤字にしています。

> **チェック欄**
> 　各問題にチェック欄を設けています。解けた問題にチェックするなどして、活用しましょう。

> **解答**
> 　解答は赤字にしています。付属の赤シートをずらしながら1問ずつ解いていきましょう。

> **巻末索引**
> 　用語を探しやすいように、巻末に解答の用語の索引を掲載しています。

### こんな使い方もできます。

● 本書を読みすすめるだけでなく、解答を紙に書いていくと、より一層の学習効果が期待できます。

● 問題文中の赤字も付属の赤シートで隠せるので、穴埋め問題としても活用できます。

目次

はじめに・本書の特長と使い方

# 第Ⅰ部 公共の扉

**第II部** 自立した主体としてよりよい社会の形成に参画するわたしたち

第1章 **公共的な空間をつくるわたしたち**

# ❶ 現代社会に生きる青年

用語集 p.2〜11

## ■青年期と自己形成の課題

| | | |
|---|---|---|
| 1 □□□ | <u>アイデンティティ</u>の理論や<u>ライフサイクル</u>論を展開した、アメリカで活躍した精神分析・心理学者とはだれか。 | エリクソン |
| 2 □□□ | 発達段階にもとづく、乳児期・幼児期・児童期・学童期・<u>青年期</u>・前成人期・成人期・老年期の周期を何というか。 | ライフサイクル(人生の周期) |
| 3 □□□ | 18世紀の産業革命以降の社会変化により出現したとされる、「子ども」と「大人」の中間にあたる時期を何というか。 | 青年期 |
| 4 □□□ | <u>エリクソン</u>は、青年期は大人としての責任や義務を果たすことを社会から猶予されているとして何と呼んだか。 | 心理社会的モラトリアム |
| 5 □□□ | 生まれた時にみられる男女の性差に対し、青年期に身体的成熟が発現することを何というか。 | 第二次性徴 |
| 6 □□□ | 青年期に、親や周囲から精神的に独立するためにおこす反抗の状態を何というか。 | 第二反抗期 |
| 7 □□□ | ドイツの心理学者<u>レヴィン</u>は、青年が子どもでも大人でもない中間的な存在であることから何と呼んだか。 | マージナル・マン(境界人、周辺人) |
| 8 □□□ | 青年は子ども集団にも大人集団にも帰属意識をもつことができない<u>境界人</u>であると説いた心理学者とはだれか。 | レヴィン |
| 9 □□□ | <u>ルソー</u>は青年期とは自我にめざめ、自立して一人前になろうとする誕生の時期であるとして何と呼んだか。 | 第二の誕生 |
| 10 □□□ | フランスの思想家ルソーが「<u>第二の誕生</u>」について述べた著作は何か。 | 『エミール』 |
| 11 □□□ | 青年期は親から精神的に離れて独立する時期であることをたとえて、心理学者ホリングワースは何と呼んだか。 | 心理的離乳 |
| 12 □□□ | 自己意識・自意識のことで、ほかと区別された自分自身を指して何というか。 | 自我 |

| | | |
|---|---|---|
| **13** ☐☐☐ | 自分を自分たらしめているもので、ほかから区別される自分らしさのことを何というか。 | アイデンティティ（自我同一性） |
| **14** ☐☐☐ | エリクソンが青年期に達成されるべき<u>発達課題</u>としたものを何というか。 | アイデンティティの確立 |
| **15** ☐☐☐ | 自己の首尾一貫性や進むべき道を見失ってしまうなど、アイデンティティの確立に失敗した状態を何というか。 | アイデンティティの拡散（アイデンティティの危機） |
| **16** ☐☐☐ | <u>発達段階</u>において現れる、つぎの段階へと発達していくために達成すべき課題のことを何というか。 | 発達課題 |
| **17** ☐☐☐ | 青年期の発達課題を述べたアメリカの教育学者とはだれか。 | ハヴィガースト |
| **18** ☐☐☐ | アメリカの心理学者で、欲求は一度には働かず、一定の階層があるとする<u>欲求階層説</u>を主張したのはだれか。 | マズロー |
| **19** ☐☐☐ | 各段階の欲求がある程度満たされると、より高次の欲求が生じ、<u>自己実現欲求</u>へと向かうとする説を何というか。 | 欲求階層説 |
| **20** ☐☐☐ | 行動の原動力となる内的な状態・原因のことを何というか。これには一次的、二次的なものがある。 | 欲求 |
| **21** ☐☐☐ | <u>欲求</u>が満たされない状況のことで、強い不満をもったり緊張状態になったりすることを何というか。 | 欲求不満（フラストレーション） |
| **22** ☐☐☐ | 2つ以上の欲求が同じ強さで並び、どちらを選んで行動したらよいか決定できない状態のことを何というか。 | 葛藤（コンフリクト） |
| **23** ☐☐☐ | 2者がたがいに「近づきたい、離れたい」という、両立しない欲求により、<u>葛藤</u>状態におちいることを何というか。 | ヤマアラシのジレンマ |
| **24** ☐☐☐ | その状況にうまく対応できることで、自分の欲求も状況のなかである程度満たされている状態を何というか。 | 適応 |
| **25** ☐☐☐ | 合理的な手立てによって<u>欲求不満</u>を解消することを何というか。 | 合理的解決 |
| **26** ☐☐☐ | 欲求不満による緊張を、八つ当たりや、かんしゃくなど衝動的な行動で回避しようとすることを何というか。 | 近道反応（失敗反応・攻撃行動） |

★★★★★★★★★★★☆☆☆
**27**
□□□
欲求が満たされない時、その緊張状態から自分自身を守るために自我がとる<u>無意識</u>の働きのことを何というか。　防衛機制（防衛反応）

★★★★★★★★★★★☆☆☆
**28**
□□□
<u>防衛機制</u>の1つで、もっともらしい理屈づけをして、自分自身を正当化したり、納得させたりすることを何というか。　合理化

★★★★★★★★★★★☆☆☆
**29**
□□□
満たされない欲求を、ほかの価値のある社会的に認められた行為に向けることで解決をはかることを何というか。　昇華

★★★★★★★★★★☆☆☆☆
**30**
□□□
困難な問題にあった時、発達段階の以前の段階に戻り、その段階での欲求充足を求めることを何というか。　退行

★★★★★★★★★★☆☆☆☆
**31**
□□□
困難な問題にぶつかった時、その事態に直面することを避け、空想のなかなどに逃げ込むことを何というか。　逃避

★★★★★★★★★★☆☆☆☆
**32**
□□□
ある満たされない欲求を、別の類似した欲求によって満たそうとすることを何というか。　代償

★★★★★★☆☆☆☆☆☆☆
**33**
□□□
自分の態度や感情を、別の無害なものに置きかえることで、満足を得ようとすることを何というか。　置きかえ

★★★★★★★★★☆☆☆☆
**34**
□□□
好きな相手にわざと意地悪く対応するなど、抑圧した欲求と正反対の行動をとることを何というか。　反動形成

★★★★★★★★★★☆☆☆☆
**35**
□□□
欲求不満の原因を無意識のうちに抑え込み、意識のうえにのぼるのを防ぐことを何というか。　抑圧

★★★★★★★★★★☆☆☆☆
**36**
□□□
ほかのものを自分のなかに取り入れ、それと同じように行動し、考え、感じることで満足することを何というか。　同一視

★★★★★★★★★☆☆☆☆
**37**
□□□
欲求不満の原因を、他人や社会のせいにしたりして、責任転嫁することを何というか。　投射

★★★★★★☆☆☆☆☆☆☆
**38**
□□□
個性・性格・人格といった意味でも使われる、人間全体としての特徴のことを何というか。　パーソナリティ

★★★★★★★★★★★☆☆☆
**39**
□□□
オーストリアの精神医学者で、人間の心理や行動は無意識によって支配されていると説いたのはだれか。　フロイト

★★★★★★★★★★☆☆☆☆
**40**
□□□
自我の意識活動にのぼらず、自覚されていない心の奥底の領域を<u>フロイト</u>は何と呼んだか。　無意識（イド・エス）

| | | |
|---|---|---|
| ★★★・・・・・・・・・・・<br>**41**<br>☐☐☐ | 外の世界に対して無関心・無気力の状態におちいってしまうことを何というか。 | アパシー |

## ■自己形成と社会への参画

| | | |
|---|---|---|
| ★★★★★★★★★★★★<br>**1**<br>☐☐☐ | 学校に行かず、就職もせず、職業につくための準備や訓練もおこなわない人を何というか。 | ニート(NEET) |
| ★★★★★★・・・・・・<br>**2**<br>☐☐☐ | パート・アルバイトの者、探している仕事の形態がパート・アルバイトの者を何というか。 | フリーター |
| ★★★★★★★★★★・・<br>**3**<br>☐☐☐ | 在学中の学生・生徒が、企業などで就業体験をすることを何というか。 | インターンシップ |
| ★★★★★★★★★★・・<br>**4**<br>☐☐☐ | 個人の自発的な意志で、見返りを求めることなくおこなう奉仕活動のことを何というか。 | ボランティア〔活動〕 |
| ★★★★★★・・・・・・<br>**5**<br>☐☐☐ | その人の職業や生涯における経歴や、その人の生き方の総体を何と呼ぶか。 | キャリア |
| ★★★★★★・・・・・・<br>**6**<br>☐☐☐ | その人の潜在的な能力を発揮し目標をやり遂げ、みずから成長することを何というか。 | 自己実現 |

## ❷ 社会的な関係のなかで生きる主体として 用語集 p.11〜23

### ■伝統や文化との関わり

| | | |
|---|---|---|
| ★★★★★★★★★★★★<br>**1**<br>☐☐☐ | 人間生活において、共有・伝達される行動・生活などの様式、宗教・芸術・道徳などを総称して何というか。 | 文化 |
| ★★★★★★・・・・・・<br>**2**<br>☐☐☐ | 古くから受け継がれ、伝えられ、守られてきた<u>文化</u>を指して何というか。 | 伝統文化 |
| ★★★★★★・・・・・・<br>**3**<br>☐☐☐ | 集団のなかで歴史的に発達し、その成員に広く承認されている伝統的な生活秩序や行動様式を何というか。 | 慣習 |
| ★★★★★★★★★★・・<br>**4**<br>☐☐☐ | 旧暦で、毎年同じ暦時がくれば、同じ様式の習慣的な営みが繰り返されるような伝承的な行事を何というか。 | 年中行事 |
| ★★★★★★★★★★・・<br>**5**<br>☐☐☐ | 人生の転機にあたる誕生・成人・結婚・歳祝い・死など、人間の一生の節目におこなわれる儀式を何というか。 | 通過儀礼(イニシエーション) |

★★★★★
**6**
□□□ 物的な不足にあってなお、心の奥底からくる充足のさまを指して何というか。茶道や俳諧などで美意識とされる。 | わび

★★★★
**7**
□□□ 孤独な寂しさのなかに心やすらぐ心境を見出した状態を指す美意識を何というか。 | さび

★★
**8**
□□□ 俳諧の連歌の発句が独立したもので、五・七・五の十七音を定型として季語を読み込むものを何というか。 | 俳句

★★★★
**9**
□□□ わびを重んじる<u>侘茶</u>を完成させ、喫茶を1つの芸能、人の生きざまを表現する「道」にまで高めた人物はだれか。 | 千利休

★★★★
**10**
□□□ 室町時代に観阿弥・<u>世阿弥</u>によって完成された、楽と舞により表現される日本の代表的な古典芸能を何というか。 | 能

★★★★
**11**
□□□ 日本文化が、古くからの思想を土台とし、外来思想が積み重ねられて形成されてきたことを指して何というか。 | 日本文化の重層性

★★★★★★
**12**
□□□ 大人の文化に対する、青年期独特の価値観にもとづく文化を何というか。 | ユース・カルチャー（若者文化）

★★★★
**13**
□□□ ある社会の支配的な正統的文化ではなく、それとは異なる価値基準によって支持される文化を何というか。 | サブカルチャー（下位文化）

## ■宗教との関わり

★★★★★★★★★★
**1**
□□□ 超自然的・絶対的な力の存在を信じ、神聖なものとして敬い、あるいはおそれる信仰を総称して何というか。 | 宗教

★★★
**2**
□□□ 民族をこえて信仰され、世界中に多くの信徒をもつ、<u>キリスト教・イスラーム・仏教</u>を何というか。 | （三大）世界宗教

★★★★
**3**
□□□ 特定の民族内部でのみ信仰される宗教、たとえば<u>ユダヤ教</u>、神道、インドの<u>ヒンドゥー教</u>などを何というか。 | 民族宗教

★★★★★★★
**4**
□□□ 人知をこえた究極の存在であり、宗教で人々が帰依し、祈る対象を何というか。 | 神

★★★★★★★
**5**
□□□ ユダヤ教・キリスト教・イスラームなど、唯一の神を崇拝する宗教を何というか。 | 一神教

★★★★★★★★★
**6**
□□□ <u>ヤハウェ</u>、<u>アッラー</u>など、天地を創造し、万物を支配す | 唯一神

る全知全能の神で、世界で唯一無二の人格神を何という
か。

| | | |
|---|---|---|
| ★★ | 7 ☐☐☐ | ヒンドゥー教、日本の<u>神道</u>など、複数の神々を認める宗教を何というか。 |
| | | **多神教** |
| ★★★★★ | 8 ☐☐☐ | 信仰の対象として描かれたり、つくられたりしたもの（偶像）を崇拝することを何というか。 |
| | | **偶像崇拝** |
| ★★★★★★★ | 9 ☐☐☐ | <u>モーセ</u>や<u>ムハンマド</u>など、神の言葉を預かる者で、神の言葉を神にかわって人々に伝える者を何というか。 |
| | | **預言者** |
| ★★★★★★ | 10 ☐☐☐ | 神がみずからを啓いて、人間に対して真理を示すことを何というか。 |
| | | **啓示** |
| ★★★★★★ | 11 ☐☐☐ | <u>聖書</u>・<u>クルアーン</u>・<u>経典</u>など、ある宗教の教えの根本や、教義・戒律などを記した書物を何というか。 |
| | | **聖典** |
| ★★★★★★★★★★★★ | 12 ☐☐☐ | 唯一神ヤハウェを信仰し、神との契約（<u>律法</u>）をきびしく守ることを特徴とする民族宗教とは何か。 |
| | | **ユダヤ教** |
| ★★★★ | 13 ☐☐☐ | ユダヤ教・キリスト教の唯一絶対神を何というか。 |
| | | **ヤハウェ（ヤーウェ）** |
| ★★★ | 14 ☐☐☐ | ユダヤ教で、神との契約であり、神から授けられた、宗教上・生活上の決まりを何というか。 |
| | | **律法（トーラー）** |
| ★★★★★ | 15 ☐☐☐ | 古代イスラエル人の指導者で、同胞とともにエジプトを脱出し、<u>十戒</u>など律法を授かったとされる人物とはだれか。 |
| | | **モーセ** |
| ★★★★★ | 16 ☐☐☐ | エジプトを脱出したモーセが、シナイ山頂で神より授けられた律法（契約）を何というか。 |
| | | **十戒** |
| ★★★★★★★★★★★★ | 17 ☐☐☐ | ユダヤ教の形式的な<u>律法主義</u>を批判して、<u>神の愛</u>と<u>福音</u>の信仰にもとづいて成立した宗教を何というか。 |
| | | **キリスト教** |
| ★★★★★★★★★★★ | 18 ☐☐☐ | 神の子であることを自覚し、神からのよき知らせ（福音）を宣教し、後に<u>十字架の刑</u>に処せられたのはだれか。 |
| | | **イエス＝キリスト** |
| ★★★★★★★ | 19 ☐☐☐ | イエスが<u>メシア</u>（キリスト）であり、イエスの死は<u>贖罪の死</u>であることを信者たちが確信したできごとを何というか。 |
| | | **十字架の刑** |

**★★★★**∘∘∘∘∘∘∘∘∘∘

**20**
□□□
よき知らせを意味し、イエスが説いた<u>神の国</u>の到来と神による救いの教えのことを何というか。

福音

**★★★★★★★★★**∘∘∘

**21**
□□□
キリスト教で、人間を罪から解放する神の子とされ、イエスがこれにあたるとされている存在を何というか。

救世主(メシア、キリスト)

**★★★★★**∘∘∘∘∘∘∘∘

**22**
□□□
犠牲や代償をささげて罪をつぐなうことで、イエスが人間の<u>原罪</u>をみずからの死によってつぐなったことを何というか。

贖罪

**★★★★**∘∘∘∘∘∘∘∘∘

**23**
□□□
『<u>旧約聖書</u>』の『創世記』でアダムとイブの楽園追放の物語として記されている、人類のもつ罪を何というか。

原罪

**★★★★★★★★★**∘∘∘

**24**
□□□
前7〜後1世紀にかけて編纂されたユダヤ教の聖典をキリスト教の側から何というか。

『旧約聖書』

**★★★★★★★★★**∘∘∘

**25**
□□□
1〜2世紀初めに編纂されたキリスト教独自の聖典で、4つの<u>福音書</u>などを含む聖典を何というか。

『新約聖書』

**★★★★★★★★★**∘∘∘

**26**
□□□
キリスト教において、神の人間に対する無差別・平等で、見返りを求めない無限の愛を何というか。

アガペー

**★★★★**∘∘∘∘∘∘∘∘∘

**27**
□□□
「人にしてもらいたいと思うことは何でも、あなたがたも人にしなさい」という聖書の言葉を何というか。

黄金律

**★★★★★★★★★**∘∘∘

**28**
□□□
キリスト教で重視される、身近な人を愛するだけでなく、広く様々な人に対する普遍的な愛を何というか。

隣人愛

**★★★★**∘∘∘∘∘∘∘∘∘

**29**
□□□
異邦人に対して布教をおこない、<u>贖罪</u>思想や信仰・希望・愛のキリスト教の<u>三元徳</u>を説いたのはだれか。

パウロ

**★★★★**∘∘∘∘∘∘∘∘∘

**30**
□□□
バチカンの<u>ローマ教皇</u>を神の代理人として権威を認める、世界最大のキリスト教会を何というか。

カトリック(旧教)

**★★★★**∘∘∘∘∘∘∘∘∘

**31**
□□□
イコン崇拝など、瞑想的・神秘的な特質をもつ、<u>ロシア正教会</u>、<u>ギリシア正教会</u>などを総称して何というか。

東方正教会

**★★★★★**∘∘∘∘∘∘∘∘

**32**
□□□
16世紀ヨーロッパで、教皇を頂点とする<u>カトリック</u>教会に対する批判から始まった宗教運動を何というか。

宗教改革

**★★★★**∘∘∘∘∘∘∘∘∘

**33**
□□□
ローマ教会による<u>贖宥状</u>の販売を批判して「九十五カ条の論題」を示し<u>宗教改革</u>を始めた人物はだれか。

ルター

| | | |
|---|---|---|
| ★★★★★★★★★★★ | | |
| **34** □□□ | <u>ルター</u>や<u>カルヴァン</u>の教説を支持するキリスト教の宗派を、カトリックに対して何というか。 | プロテスタント |
| ★★★★★★★★★★★ | | |
| **35** □□□ | 前5世紀頃の北部インドで、バラモン教を<u>中道</u>の立場から批判し、<u>縁起</u>説を展開した教えを何というか。 | 仏教 |
| ★★★★★★★★★★★ | | |
| **36** □□□ | ネパールのシャカ族の王子として生まれ、真理にめざめた者として布教活動をし、教団を組織したのはだれか。 | ゴータマ＝シッダッタ（ブッダ） |
| ★★★★★★★★ | | |
| **37** □□□ | <u>ブッダ</u>の教えを伝える、仏教の経典を何というか。これらは多く漢訳され、日本にも伝えられた。 | 仏典 |
| ★★★★★★★★★★★ | | |
| **38** □□□ | あらゆる存在は、その成立条件（縁）により、仮に成り立っている（起）にすぎないとするブッダの説を何というか。 | 縁起の法 |
| ★★★★★★★★★★★ | | |
| **39** □□□ | 生きとし生けるものをいつくしみ、他者の苦に対して共感し憐れむという仏教における愛を何というか。 | 慈悲 |
| ★★★★★★★★★ | | |
| **40** □□□ | 仏教で、真理を得ることを何というか。 | 悟り（解脱） |
| ★★★★★★★★★★★ | | |
| **41** □□□ | ブッダが到達した、4つの真理（<u>苦諦・集諦・滅諦・道諦</u>）を何というか。 | 四諦 |
| ★★★★★★★★★★★ | | |
| **42** □□□ | 悟りに至る8つの正しい修行法（正見・正思・正語・正業・正命・正精進・正念・正定）を何というか。 | 八正道 |
| ★★★★ | | |
| **43** □□□ | 仏教で、苦行と快楽などといった、相互に対立するような極端を避け、かたよらないことを何というか。 | 中道 |
| ★★★★ | | |
| **44** □□□ | <u>四法印</u>の1つで、人生のすべては苦であるということを何というか。 | 一切皆苦 |
| ★★★★★★★★★★★ | | |
| **45** □□□ | すべてのものには、固定された確実な実体というものがないということを何というか。 | 諸法無我 |
| ★★★★★★★★★★★ | | |
| **46** □□□ | すべてのものは、移ろっていき、生滅変化していくのであり、永遠不変のものはないということを何というか。 | 諸行無常 |
| ★★★ | | |
| **47** □□□ | <u>無常</u>、<u>無我</u>の真理に気づいた者が至る、心安らかに永遠の真理を生きる境地を何というか。 | 涅槃寂静 |
| ★★★★★ | | |
| **48** □□□ | 貪、瞋、癡の三毒に代表される、人間がもつ、人の力では解決できない様々な心の迷いを何というか。 | 煩悩 |

★★★★★☆☆☆☆☆
**49**
□□□ 真理について知らない無知の状態であることを何という | 無明
か。これが、人に煩悩をもたらすことになる。

★★★
**50**
□□□ 仏教教団のうち、出家主義を中心とし、戒律を厳格に守 | 上座部仏教
ろうとする保守派の仏教を何というか。

★★★★★☆☆☆☆☆
**51**
□□□ ブッダを崇拝する動きと、衆生の救済を重視する宗教改 | 大乗仏教
革運動とが結びついて成立した仏教を何というか。

★★★
**52**
□□□ 慈悲の心をもってブッダになろうと誓い、利他の心をも | 菩薩
って六波羅蜜の修行に励む者を何というか。

★★★★★★★★☆☆
**53**
□□□ 神への絶対的帰依を意味し、7世紀アラビアのムハンマ | イスラーム
ドによって創始された宗教を何というか。

★★★★★★★★☆☆
**54**
□□□ アラビア語で神のことであり、イスラームにおける唯一 | アッラー
絶対神を何というか。

★★★★★★★★★☆
**55**
□□□ 最後で最大の預言者とされる(「預言者の封印」)、イスラー | ムハンマド
ムの創始者はだれか。

★★★★★★★★★☆
**56**
□□□ ムハンマドが唯一神アッラーから受けた啓示を後世にま | 『クルアーン』
とめた、イスラームの聖典、啓典を何というか。

★★★★★☆☆☆☆☆
**57**
□□□ イスラームで厳格に禁止されている、神の像をつくって | 偶像崇拝の禁止
これを崇拝する行為を禁止することを何というか。

★★★★★★☆☆☆☆
**58**
□□□ イスラーム共同体(ウンマ)として組織される、イスラー | ムスリム(イスラー
ム信者を何というか。 | ム教徒、モスレム)

★★★★★★★★★☆
**59**
□□□ ムスリムの務めであり、神(アッラー)、天使、啓典、使 | 六信
徒(預言者)、来世、予定を信じることを何というか。

★★★★★★★★★☆
**60**
□□□ ムスリムのなすべき、信仰告白、礼拝、断食、喜捨、巡 | 五行
礼を何というか。

★★★★★★☆☆☆☆
**61**
□□□ 五行のうち、「アッラーのほかに神はない、ムハンマド | 信仰告白
はアッラーの使徒である」と証言することを何というか。

★★★★★★★★★☆
**62**
□□□ 五行のうち、メッカに向かって1日5回、ひざまずき、 | 礼拝
額を地面にこすりつけて拝することを何というか。

| | | |
|---|---|---|
| ★★★★★★★★★★★☆☆☆ | | |
| **63** ☐☐☐ | 五行のうち、イスラーム暦の9月（ラマダーン）の夜明けから日没まで一切の飲食を断つことを何というか。 | 断食 |
| ★★★★★★★★★★★★☆☆ | | |
| **64** ☐☐☐ | 五行のうち、弱者救済のための救貧税として、財産に応じて課税されることを何というか。 | 喜捨 |
| ★★★★★☆☆☆☆☆☆☆☆ | | |
| **65** ☐☐☐ | 五行のうち、一生に一度はイスラーム暦第12月にメッカに参詣することを何というか。 | 巡礼 |
| ★★★★★★★★☆☆☆☆☆ | | |
| **66** ☐☐☐ | カーバ神殿がある聖地で、この地への巡礼とこの方角に向かっての礼拝が信徒の義務とされる都市はどこか。 | メッカ |
| ★★★★☆☆☆☆☆☆☆☆☆ | | |
| **67** ☐☐☐ | 『クルアーン』とムハンマドの言行（スンナ）をもとにつくられたイスラームの宗教法を何というか。 | シャリーア（イスラーム法） |
| ★★★★★☆☆☆☆☆☆☆☆ | | |
| **68** ☐☐☐ | 『クルアーン』とスンナ、ウンマにおける合意を重視する、現在のムスリムの約9割を占める多数派を何というか。 | スンナ（スンニー）派 |
| ★★★★★☆☆☆☆☆☆☆☆ | | |
| **69** ☐☐☐ | 古代インドのバラモン教に土着信仰が取り入れられて成立し、現代インドでも多く信仰されている宗教を何というか。 | ヒンドゥー（ヒンズー）教 |

# 公共的な空間における人間としてのあり方生き方

## ❶ 公共的な空間を形成するための考え方　　　　用語集 p.24〜27

| | | |
|---|---|---|
| ★★★★★★★★★★★★★ 1 □□□ | 人々が主体的に参加し、協働的に自由に活動しながらつくり上げていく空間を何というか。 | 公共的な空間 |
| ★★★★★★★★★★★★★★ 2 □□□ | 帰結主義において、社会に何を結果的にもたらすことが正義とされるか。 | 幸福 |
| ★★★★★★★★★★★★ 3 □□□ | 人が守りおこなうべき正しい道筋、社会に公正が実現していること、ジャスティス(justice)を何というか。 | 正義 |
| ★★★★★★★★★★ 4 □□□ | 社会のなかで公平が実現しており、かたよりがないこと、そのようなあり方を何というか。 | 公正 |
| ★★★★★★★★★★ 5 □□□ | 公共的な空間をつくるために、それぞれが目的を共有し、主体的にかかわる活動のあり方を何というか。 | 協働 |
| ★★★★★★★★★★ 6 □□□ | アリストテレスが重視した、そのときどきの状況に応じて両極端を退けた中間を指すあり方を何というか。 | 中庸(メソテース) |
| ★★★★★ 7 □□□ | 徳のうち、知恵や思慮など、知的な訓練によって理性が十分に働くようになった状態を何というか。 | 知性的徳 |
| ★★★★★★ 8 □□□ | 善い行為を反復することで身につく徳であり、感情や欲望が理性の正しい指導に従っている状態を何というか。 | 倫理的徳(習性的徳) |
| ★★★★★★ 9 □□□ | 法を守り、人としての正しい行為をおこなう正義を、アリストテレスは何と呼んだか。 | 全体的正義 |
| ★★★★★★★★★★ 10 □□□ | 人々のあいだに公正が実現するという意味での正義を、アリストテレスは何と呼んだか。 | 部分的正義 |
| ★★★★★★★★ 11 □□□ | 部分的正義のうち、人の働きや功績の違いに応じて名誉や財産などを正しく配分することを何というか。 | 配分的正義 |
| ★★★★★★ 12 □□□ | 部分的正義のうち、裁判や取引などで当事者間の利害や得失が均等になるよう調整することを何というか。 | 調整的正義 |
| ★★★★★★★ 13 □□□ | 相手の幸福をたがいに自分の幸福とし、そのことをたがいに知りあっているような愛を何というか。 | 友愛 |

| | | |
|---|---|---|
| ★★★★★ | | |
| **14** ☐☐☐ | カントが無条件に<u>善</u>であるとした、義務を義務として、つねに善をおこなおうとする意志を何というか。 | 善意志 |
| ★★★ | | |
| **15** ☐☐☐ | 何が行為において正しいかについて、「善さ」を行為の動機に求める考え方を何というか。 | 動機説 |
| ★★★★★★★★★ | | |
| **16** ☐☐☐ | カントに代表される、正しい行為とは、守るべき義務に合致した行為であるとする考え方を何というか。 | 義務論 |
| ★★★★★★★★★★★★ | | |
| **17** ☐☐☐ | 人間に道徳的な行為を命じる法則で、人間を道徳的な行為に導くものを何というか。 | 道徳法則 |
| ★★★★★★★★★★★★ | | |
| **18** ☐☐☐ | みずからに道徳的行為をうながす時、つねに「〜すべし」と命じる無条件の命令を何というか。 | 定言命法 |
| ★★★★★★★★★ | | |
| **19** ☐☐☐ | みずからに行為をうながす時、「…したいなら、〜せよ」と命じる条件つきの命令を何というか。 | 仮言命法 |
| ★★★ | | |
| **20** ☐☐☐ | カントが人間に自由をもたらすとした、実践理性がみずから法を立て、それに従うことを何というか。 | 意志の自律 |
| ★★★★★★★★★★★★ | | |
| **21** ☐☐☐ | カントでは、自由な自律した一個の人間の意味で、物件（もの）とは区別される絶対的な<u>尊厳</u>をもつものは何か。 | 人格 |
| ★★★★★★★★★★★★ | | |
| **22** ☐☐☐ | カントが理想とした、たがいの人格を手段としてではなく、目的として尊重しあうような社会を何というか。 | 目的の国 |
| ★★★★★★★★★★★★★★ | | |
| **23** ☐☐☐ | ある行為が善であるか悪であるかの基準を、その行為が快楽や幸福をもたらすかどうかに求める、倫理的・政治的な考え方を何というか。 | 功利主義 |
| ★★★★★★★★★★★★★ | | |
| **24** ☐☐☐ | 人間は<u>快</u>（幸福）を求める存在だし、「<u>最大多数の最大幸福</u>」を主張して<u>功利主義</u>を確立した人物はだれか。 | ベンサム |
| ★★★★★★★★★★★★★ | | |
| **25** ☐☐☐ | 最善であるのはもっとも多くの人にもっとも多くの幸福をもたらすことであるという考えを表現して何というか。 | 最大多数の最大幸福 |
| ★★★★★★ | | |
| **26** ☐☐☐ | 功利主義に代表される、正しい行為とはよい<u>結果</u>を生み出す行為であるとする考え方を何というか。 | 帰結主義 |
| ★★★★★★ | | |
| **27** ☐☐☐ | 快楽は量的に計算、算出することができるとする、<u>ベンサム</u>の功利主義における主張を何というか。 | 快楽計算 |

★★★★★★★★★★☆☆☆☆
**28** □□□ ベンサムが自然的・政治的・道徳的・宗教的の4つとした、人間の利己的な行動を規制するものを何というか。 | 制裁（サンクション）

★★★★★★★★★★★☆☆☆
**29** □□□ 量的な快楽の計算を否定し、人間の良心にもとづく内的制裁を重視する質的功利主義をとなえたのはだれか。 | J. S. ミル

★★★★★★★★☆☆☆☆☆
**30** □□□ 快楽の質の違いを主張し、質の高い快楽を求める功利主義の立場を何というか。 | 質的功利主義

★★★★★★★★★★★☆☆☆
**31** □□□ 他者に害が加えられない限り、個人の自由は保障されるという、J. S. ミルの自由論の根本的な原則を何というか。 | 他者危害の原則

★★★★★☆☆☆☆☆☆☆☆
**32** □□□ 人間としての善さを徳であるとし、徳のある行為を繰り返すことで徳のある人となり、その人の行為は徳のあるものになるとする立場を何というか。 | 徳倫理学

★★★★☆☆☆☆☆☆☆☆
**33** □□□ 現実社会の様々な要因を頭のなかで取り除き、その前提に立って物事を考えるという知的な取組みを何というか。 | 思考実験

★★★★★★☆☆☆☆☆☆
**34** □□□ 「ある人をたすけるためにほかの人を犠牲にするのは許されるか」を考える代表的な思考実験を何というか。 | トロッコ問題

★★★★★★★★★★★★☆
**35** □□□ アメリカの政治哲学者で、主著『正義論』のなかで、「公正としての正義」を主張したのはだれか。 | ロールズ

★★★★★★★★★★★☆☆
**36** □□□ 善や幸福の大小ではなく、人々のあいだに公正が成立することを正しさとするロールズの主張を何というか。 | 公正としての正義

★★★★★★★☆☆☆☆☆☆
**37** □□□ ロールズが示した、(1)平等な自由の原理(2)①公正な機会均等の原理②格差原理という2つの原理を何というか。 | 正義の原理

★★★★★★★★★★★☆☆
**38** □□□ どのような正義の原理を選択するかについて、ロールズが想定した「無知のヴェール」のなかにある状態を何というか。 | 原初状態

★★★★★★★☆☆☆☆☆☆
**39** □□□ ロールズの正義論の第一原理で、すべての人々が自由を等しくもつという原理を何というか。 | 平等な自由の原理

★★★★★☆☆☆☆☆☆☆☆
**40** □□□ ロールズの正義論の第二原理で、すべての人々に、機会が等しく与えられているという原理を何というか。 | 公正な機会均等原理

| | | |
|---|---|---|
| ★★★★★★★★★☆☆☆ 41 □□□ | 正義の原理の第二原理のうち、不平等が存在する時、それは社会でもっとも不遇な人々の待遇を改善するようなものでなければならないとする原理を何というか。 | 格差原理 |
| ★★★★★★★★★☆☆☆ 42 □□□ | インドの経済学者で、社会・経済問題において、人間の<u>善い生活</u>(福祉)とは何かを考えるべきだと主張したのはだれか。 | アマルティア＝セン |
| ★★★★☆☆☆☆☆☆☆☆ 43 □□□ | センの用語で、財を利用することで得られる状態や活動を何というか。 | 機能 |
| ★★★★★★★★★★☆☆ 44 □□□ | <u>機能</u>をあわせたもので、その人の選択できる生き方の幅であるととらえることができるものを何というか。 | 潜在能力(ケイパビリティ) |

## ❷ 人間と社会のあり方についての探究　　　用語集 p.28〜31

| | | |
|---|---|---|
| ★★★★★★★☆☆☆☆☆ 1 □□□ | 社会における医療や生命科学に関する倫理的・社会的・哲学的・法的問題を広く研究する学問分野を何というか。 | 生命倫理 |
| ★★★★★★☆☆☆☆☆☆ 2 □□□ | <u>脳死</u>を新たに死と認め、脳死者からの臓器移植を可能とした、1997(平成9)年に制定された法律を何というか。 | 臓器移植法 |
| ★★★★★★★☆☆☆☆☆ 3 □□□ | 脳幹を含むすべての脳の機能が失われており、回復する見込みがなく、死と判定されている状態を何というか。 | 脳死 |
| ★★★★★★★★☆☆☆☆ 4 □□□ | 医師が患者やその家族に対して、治療の目的や方法、副作用や治療費などについて十分に<u>説明</u>し、患者や家族がそれに<u>合意</u>することを何というか。 | インフォームド・コンセント |
| ★★★★★★★★★★☆☆ 5 □□□ | 自分の生き方・生活について、自分が自由に選択できるという考え方・権利を何というか。 | 自己決定権 |
| ★★★★★★★☆☆☆☆☆ 6 □□□ | 人間の生命は絶対の価値をもつ最優先のものなので、延命につとめなければならないという考えを何というか。 | SOL(生命の尊厳) |
| ★★★★★★★★☆☆☆☆ 7 □□□ | <u>生命の質</u>のことで、本人の人生観や生命観を重視しようという考え方の基礎となっているのを何というか。 | QOL(クオリティ・オブ・ライフ) |
| ★★★★★☆☆☆☆☆☆☆ 8 □□□ | 意識のあるあいだに<u>延命治療</u>を拒否することなどをあらかじめ示すもので、生前遺言と呼ばれるものを何というか。 | リヴィング・ウィル |

★★★★★★★★★★★☆☆
**9** □□□ 患者の意思のもと、医師などにより投薬など苦痛の少ない方法で死に至らしめることを何というか。 ／ 安楽死

★★★★★★★★★★★☆☆
**10** □□□ 患者の意思のもと、人間としての尊厳を保って自然に死を迎えることを何というか。 ／ 尊厳死

★★★★★☆☆☆☆☆☆☆
**11** □□□ 別の生物の DNA を切断したり、連結したりして、新たに組み換えた DNA をつくる技術を何というか。 ／ 遺伝子組み換え

★★★★★☆☆☆☆☆☆☆
**12** □□□ 遺伝子組み換えと異なり、もとからある特定の遺伝子を編集してこれを改変させる技術を何というか。 ／ ゲノム編集

★★★★☆☆☆☆☆☆☆☆
**13** □□□ 受精卵と同様に様々な細胞に分化できる性質（多能性）をもつ細胞を何というか。 ／ iPS 細胞（人工多能性幹細胞）

★★★★★★☆☆☆☆☆☆
**14** □□□ 妊婦の血液から胎児の遺伝子や染色体を検査して、胎児の異常の有無を調べることを何というか。 ／ 出生前診断

★★★★★☆☆☆☆☆☆☆
**15** □□□ 精子と卵子とを体外で人工的に結合させる技術を何というか。配偶者間と非配偶者間とがある。 ／ 体外受精

★★★★☆☆☆☆☆☆☆☆
**16** □□□ 第三者の女性が母親がわりに妊娠・出産することを何というか。 ／ 代理出産

## ❸ 人間としてのあり方生き方──先哲に学ぶ 　用語集 p.32〜53

### ■ギリシアの思想

★★☆☆☆☆☆☆☆☆☆☆
**1** □□□ 古代ギリシアにおいて、自然の成り立ちを探求し、万物の根源を探求した哲学を何というか。 ／ 自然哲学

★★☆☆☆☆☆☆☆☆☆☆
**2** □□□ 古代ギリシアで活躍した、雄弁や弁論術を教える、知恵の教師と呼ばれた人々を何というか。 ／ ソフィスト

★★★★★★★★★★☆☆
**3** □□□ 社会を構成する人間が、善悪・正邪を判断し、正しい生き方をするための規範を何というか。 ／ 道徳

★★★★★★★★★☆☆☆
**4** □□□ 知を愛し、探求することであり、自然観・世界観・人生観を問う学問分野を何というか。 ／ 哲学

★★★★★★★★★★★☆
**5** □□□ 古代アテネの哲学者で、人々に善く生きること、魂への配慮をすることを訴え続けた人物はだれか。 ／ ソクラテス

| | | |
|---|---|---|
| ★★★★★★★★★★ | | |
| **6** □□□ | <u>ソクラテス</u>による真理探求の方法で、<u>対話</u>によって人々に無知を悟らせ、真理探求をうながす方法を何というか。 | 問答法 |
| ★★★★★★★★★★★★ | | |
| **7** □□□ | ソクラテスの哲学の出発点であり、自分は知らないということを知っているという<u>不知の自覚</u>を何というか。 | 無知の知 |
| ★★★★★★★★★★★★ | | |
| **8** □□□ | ただ生きるのではなく、真に善なるものを求めるために、知を愛し続けることをソクラテスは何と呼んだか。 | 善く生きる |
| ★★★★★★★★★★★★ | | |
| **9** □□□ | 実践的な能力・徳のことであり、人間としての<u>善さ</u>を表す言葉は何か。 | アレテー(徳) |
| ★★★★★★★★★★★★ | | |
| **10** □□□ | 自由な市民たちによる政治・経済活動がおこなわれた、アテネなど古代ギリシアで成立した都市国家を何というか。 | ポリス |
| ★★★★★★★★★★★★ | | |
| **11** □□□ | 古代ギリシアの哲学者で、師のソクラテスの哲学を発展させ、<u>イデア論</u>をとなえたのはだれか。 | プラトン |
| ★★★★★★★★★ | | |
| **12** □□□ | <u>プラトン</u>のいう真の実在であり、理性の力によってとらえられる普遍的・永遠不変の理想的なものを何というか。 | イデア |
| ★★★★★★★★ | | |
| **13** □□□ | 物事の真の姿であるイデアに憧れ、恋慕するという、純粋に知的な愛を指して何というか。 | エロース |
| ★★★ | | |
| **14** □□□ | プラトンは<u>知恵・勇気・節制</u>の徳が調和して<u>正義</u>の徳が実現するとしたが、この4つの徳を何というか。 | 四元徳 |
| ★★★★★★ | | |
| **15** □□□ | 知恵の徳を備え、<u>善のイデア</u>を認識している哲学者が統治者となるべきであるというプラトンの主張を何というか。 | 哲人政治 |
| ★★★★★★★★★★★ | | |
| **16** □□□ | 古代ギリシアの哲学者で、プラトンの弟子であったが、より現実主義的な哲学を展開したのはだれか。 | アリストテレス |
| ★★★★★ | | |
| **17** □□□ | <u>アリストテレス</u>の、人間は共同体をつくって生活する社会的な動物であるという考えを表した言葉とは何か。 | 「人間は社会的(ポリス的)動物である」 |
| ★★★★★ | | |
| **18** □□□ | ほかの目的の手段とならず、それ自体が目的となる善のことで、アリストテレスが幸福であるとしたものを何というか。 | 最高善 |

★★★★★★★★
| 19 □□□ | アリストテレスは理性を純粋に働かせることを楽しむ観想的生活を最高の生き方としたが、何を<u>最高善</u>としたか。 | 幸福（エウダイモニア） |
|---|---|---|

★★★
| 20 □□□ | 精神的な快楽主義をとなえ、心の平安な状態（<u>アタラクシア</u>）を理想とした学派を何というか。 | エピクロス学派 |
|---|---|---|

## ■西洋近現代思想

★★★★★★★★★
| 1 □□□ | 14〜15世紀のイタリアに始まる、古代ギリシア・ローマ文化などの<u>学芸復興運動</u>を指して何というか。 | ルネサンス |
|---|---|---|

★★★
| 2 □□□ | みずからの能力を最大限に発揮することのできる人間のことで、<u>ルネサンス</u>期に理想とされた人間像を何というか。 | 万能人 |
|---|---|---|

★★★
| 3 □□□ | イタリアのルネサンス期の人文主義者で、人間の尊厳は人間のもつ<u>自由意志</u>にあると主張したのはだれか。 | ピコ＝デラ＝ミランドラ |
|---|---|---|

★★★★★
| 4 □□□ | ポーランドの天文学者で、それまでの天動説を排し、<u>地動説</u>をとなえたのはだれか。 | コペルニクス |
|---|---|---|

★★★★★
| 5 □□□ | イタリアの物理学者で、落体の法則や慣性の法則を発見し、地動説を支持して宗教裁判にかけられたのはだれか。 | ガリレイ |
|---|---|---|

★★★★★★
| 6 □□□ | イギリスの数学者・物理学者で、著作『プリンキピア』で天体の運動を万有引力によって説明したのはだれか。 | ニュートン |
|---|---|---|

★★★★
| 7 □□□ | フランスの思想家で、著作『<u>エセー</u>』を著し、「<u>ク・セ・ジュ</u>」（私は何を知るか）をモットーとしたのはだれか。 | モンテーニュ |
|---|---|---|

★★★★★★★★
| 8 □□□ | フランスの思想家で、著作『<u>パンセ</u>』を著し、人間は偉大さと悲惨さのあいだの<u>中間者</u>であるとしたのはだれか。 | パスカル |
|---|---|---|

★★★
| 9 □□□ | <u>パスカル</u>が著書『パンセ』で、考えるということに人間の偉大さ、人間の尊厳があると述べた言葉とは何か。 | 「人間は考える葦である」 |
|---|---|---|

★★★★★★★★★
| 10 □□□ | イギリスの哲学者で、従来の哲学に反対し、観察と実験を重視する<u>帰納法</u>による<u>経験論</u>をとなえたのはだれか。 | ベーコン |
|---|---|---|

★★★★★★
| 11 □□□ | 自然から得た知識は、自然を支配して人類の生活を改善していく力になるとする、<u>ベーコン</u>の言葉とは何か。 | 「知は力なり」 |
|---|---|---|

| | | |
|---|---|---|
| ★★★★★★★☆☆☆☆☆ **12** □□□ | ベーコンを祖とする、<u>経験</u>を知識の源泉であるとする立場を何というか。 | 経験論 |
| ★★★★★★☆☆☆☆☆☆ **13** □□□ | 偶像・幻影を意味する語で、物事を正しく認識することをさまたげる偏見や先入観をベーコンは何と呼んだか。 | イドラ |
| ★★★★★★☆☆☆☆☆☆ **14** □□□ | ベーコンのいう<u>イドラ</u>のうち、人間の本性にもとづく偏見・先入観を何というか。 | 種族のイドラ |
| ★★★★★★☆☆☆☆☆☆ **15** □□□ | ベーコンのいうイドラのうち、個人の性格や教育・環境などから生じる偏見・先入観を何というか。 | 洞窟のイドラ |
| ★★★★★★☆☆☆☆☆☆ **16** □□□ | ベーコンのいうイドラのうち、言葉の不適切な使用から生じる偏見・先入観を何というか。 | 市場のイドラ |
| ★★★★★★☆☆☆☆☆☆ **17** □□□ | ベーコンのいうイドラのうち、伝統や権威を信じることから生じる偏見・先入観を何というか。 | 劇場のイドラ |
| ★★★★★★★★★★☆☆☆ **18** □□□ | 経験(観察や実験)によって個々の事実を集め、それらを比較・考察し一般的な法則を発見する方法を何というか。 | 帰納法 |
| ★★☆☆☆☆☆☆☆☆☆☆ **19** □□□ | 人間の心に生まれながらに備わっているとされる<u>生得観念</u>を否定した<u>ロック</u>は、人間の心は生まれた時は何であると主張したか。 | タブラ・ラサ |
| ★★★★★★★☆☆☆☆☆ **20** □□□ | フランスの哲学者で、「考える自己」としての<u>近代的自我</u>を発見し、<u>演繹法</u>による<u>合理論</u>をとなえたのはだれか。 | デカルト |
| ★★★★★★★☆☆☆☆☆ **21** □□□ | 確実に真で疑いえないものを見つけ出すために、少しでも疑いうるものは疑うという<u>デカルト</u>の方法を何というか。 | 方法的懐疑 |
| ★★★★★★★★★☆☆☆ **22** □□□ | デカルトが到達した絶対で確実な真理で、今いる、考えているこのわたしがあるということを何というか。 | 「わたしは考える、それゆえわたしはある(われ思う、ゆえにわれあり)」 |
| ★★★★★★★★★★☆☆ **23** □□□ | 疑いのない一般的法則・原理から出発し、理性的推論による論証で個々の事象に到達する方法を何というか。 | 演繹法 |
| ★★★☆☆☆☆☆☆☆☆☆ **24** □□□ | デカルトによる、自然界の現象は物質の運動による因果関係の連鎖で説明できるとする近代の自然観を何という | 機械論的自然観 |

か。

★★★★★★★★★★★★
**25** □□□ デカルトを祖とする、知識の源泉を<u>理性</u>であるとする立場を何というか。 | 合理論

★★★★★★★★★★★★
**26** □□□ 人間のもつ、物事の筋道を立てて、論理的に正しく考え、判断する能力を何というか。 | 理性

★★★★★★★★★★★★★
**27** □□□ ドイツ観念論の哲学者で、理性能力のおよぶ範囲を吟味し、経験論と合理論の統合を論じたのはだれか。 | カント

★★★★★★★★★★★
**28** □□□ 対象は認識によって構成されるとし、理性の働きの範囲を現象界に限定することを論じた<u>カント</u>の著作は何か。 | 『純粋理性批判』

★★★★★★★★★★★★
**29** □□□ ドイツの哲学者で、世界史とは<u>絶対精神</u>がみずからの本質である自由を実現する過程であると論じたのはだれか。 | ヘーゲル

★★★★★★★★★★★★
**30** □□□ <u>ヘーゲル</u>の哲学の方法で、事物の対立・矛盾がより高い次元で統一・総合されていくことを示す方法を何というか。 | 弁証法

★★★★★★★★★★★★
**31** □□□ ヘーゲルの用語で、矛盾と対立とがより高い次元へ統一されていくことを何というか。 | 止揚(アウフヘーベン)

★★★★★★★★★★★★
**32** □□□ 法(客観的)と、道徳(主観的)なものとが総合された自由が実現される共同体のあり方を何というか。 | 人倫

★★★★★★★★★★★★
**33** □□□ ヘーゲルのいう、<u>人倫の3段階</u>を何というか。 | 家族・市民社会・国家

★★★☆☆☆☆☆☆☆☆☆
**34** □□□ 他人の感情に同調・同感する利他的感情であり、他者との関係において「<u>公平な観察者</u>」となるものを何というか。 | 共感(シンパシー)

★★★★★★★★★★★★
**35** □□□ ドイツの経済学者・哲学者で、<u>唯物史観</u>を確立し、資本主義を分析した<u>科学的社会主義</u>の創始者はだれか。 | マルクス

★★★★★★☆☆☆☆☆☆
**36** □□□ <u>マルクス</u>の主著で、資本主義の運動法則を分析し、資本主義の矛盾とその生成・発展と没落を論じたものは何か。 | 『資本論』

★★★★☆☆☆☆☆☆☆☆
**37** □□□ 本来は自分のものであるものが自分の外に立ち、自分に対してよそよそしいものとなることを何というか。 | 疎外

★★★☆☆☆☆☆☆☆☆☆
**38** □□□ マルクスの歴史観で、社会の経済的な土台(<u>下部構造</u>)が法律・政治・学問・思想などの精神的活動(<u>上部構造</u>)を | 唯物史観

| | | |
|---|---|---|
| | 規定するという考え方を何というか。 | |
| ★★★★★ 39 ☐☐☐ | 物事の真理を、理論や信念からではなく、行動の結果によって判断するべきだとする思想を何というか。 | プラグマティズム |
| ★★★★★ 40 ☐☐☐ | アメリカの哲学者・教育学者で、知性を問題解決能力をもつ創造的知性ととらえ、道具主義をとなえたのはだれか。 | デューイ |
| ★★★★★ 41 ☐☐☐ | 平均化・画一化の状況を、内面的な主体性を回復することで乗り越えることを主張する考え方を何というか。 | 実存主義 |
| ★★★★★ 42 ☐☐☐ | 今、ここに、現実に存在する自分自身のことを何というか。 | 実存 |
| ★★★★★ 43 ☐☐☐ | 現代人はみずからを見失い、主体的に生きる情熱や意欲を失った絶望という病にあると批判した思想家とはだれか。 | キルケゴール |
| ★★★★ 44 ☐☐☐ | キルケゴールが求めた、ここに生きる、わたし自身にとっての真理を何というか。 | 主体的真理 |
| ★★★★★ 45 ☐☐☐ | ドイツの哲学者で、キリスト教道徳をルサンチマン（怨恨）であると批判し、力への意志を主張したのはだれか。 | ニーチェ |
| ★★★★★ 46 ☐☐☐ | 最高の価値が無価値となり、生きる意味や目的が失われていることをニーチェは何と呼んだか。 | ニヒリズム |
| ★★★★★ 47 ☐☐☐ | 永劫回帰の世界で、運命を肯定し（運命愛）、力への意志を取り戻してこれを体現して生きる人を何というか。 | 超人 |
| ★★★★ 48 ☐☐☐ | ドイツの哲学者で、現象学的存在論の構築をめざし、存在とは何かを探求したのはだれか。 | ハイデガー |
| ★★★★ 49 ☐☐☐ | 世間の一員として埋没し、自身が「死への存在」であることを忘却して、本来的なあり方を喪失しているありさまをハイデガーは何と呼んだか。 | 世人（ひと、ダス・マン） |
| ★★★ 50 ☐☐☐ | ドイツの哲学者で、超越者との出会いと実存的交わりを説いて有神論的な実存主義を展開したのはだれか。 | ヤスパース |
| ★★★ 51 ☐☐☐ | ヤスパースのいう、死や苦悩、闘争、罪など、人間が乗り越えることのできない状況を何というか。 | 限界状況 |
| ★★★★★★★ 52 ☐☐☐ | 『存在と無』を著し、無神論的な実存主義を主張したフランスの哲学者・小説家とはだれか。 | サルトル |

| | | |
|---|---|---|
| ★★★★★ | 53 □□□ 人間はまずこの世に存在し、その後に自分が何であるかをつくり上げていく存在であることをサルトルは何と呼んだか。 | 「実存は本質に先立つ」 |
| ★★★★ | 54 □□□ 人間とは自由に選びとるが、その責任をもたなければならずつねに不安な状態であることをサルトルは何と呼んだか。 | 人間は自由の刑に処せられている |
| ★★★★★★★★★ | 55 □□□ 主体的な社会参加、あるいは特定の状況にみずから拘束されることをサルトルは何と呼んだか。 | アンガジュマン |
| ★★★★★★ | 56 □□□ フランクフルト学派のドイツの哲学者・社会学者で、アドルノらとともに批判的理性の復権をとなえたのはだれか。 | ホルクハイマー |
| ★★★★★★ | 57 □□□ 1930年代以降、ドイツのフランクフルトの社会研究所で活躍した思想家たちを総称して何というか。 | フランクフルト学派 |
| ★★★★ | 58 □□□ 著作『自由からの逃走』で、人々は孤独と不安により、自由の重荷からの逃走を始めたと論じたのはだれか。 | フロム |
| ★★★★★ | 59 □□□ ホルクハイマーとともに道具的理性を批判し、また、権威主義的パーソナリティについて研究したのはだれか。 | アドルノ |
| ★★★★ | 60 □□□ 合理性を追求するあまりに、形式的な思考におちいってしまい、本来の批判的な理性のあり方を失ってしまった理性のことをアドルノらは何と呼んだか。 | 道具的理性 |
| ★★★★★★★★★ | 61 □□□ ドイツの社会学者で、フランクフルト学派の第2世代にあたり、「生活世界の植民地化」などを論じたのはだれか。 | ハーバーマス |
| ★★★★★ | 62 □□□ 自分たちの生活世界について、共通した理解をもち、了解しあえるような世界としていく行為を何というか。 | コミュニケーション的行為 |
| ★★★★★★★★★ | 63 □□□ 対等な立場で自由な討議にもとづいて合意を形成していくような理性能力を、ハーバーマスは何と呼んだか。 | 対話的理性(コミュニケーション的合理性) |
| ★★★★★★★★★ | 64 □□□ ドイツ生まれ、アメリカの政治哲学者で、『全体主義の起源』や『人間の条件』などを著したのはだれか。 | アーレント |
| ★★★★★★★★ | 65 □□□ アーレントは、人間の活動力を3つにわけ、とくにそのうち1つ(活動)を公共的な領域を形成するために必要な | 労働・仕事・活動 |

| | | |
|---|---|---|
| ものとしたが、この3つとは何か。 | | |

★★★★★★★★★★★☆☆☆
**66** □□□ フランスの人類学者・構造主義者で、未開社会の親族研究や神話の研究から「野生の思考」を論じたのはだれか。　　レヴィ＝ストロース

★★★★★★☆☆☆☆☆☆☆
**67** □□□ 人間の理性的な思考や主体的な行動は、社会の構造によって方向づけられているとする考え方を何というか。　　構造主義

★★★★★★☆☆☆☆☆☆☆
**68** □□□ ある社会・民族の文化を絶対視せず、多様な文化のなかで相対的に位置づけていく態度を何というか。　　文化相対主義

★★★★☆☆☆☆☆☆☆☆☆
**69** □□□ フランスの思想家で、西洋の人間中心・理性中心主義を批判し、「人間の終焉」を論じたのはだれか。　　フーコー

★★★☆☆☆☆☆☆☆☆☆☆
**70** □□□ フランスの哲学者で、全体性が組み込むことのできない他者の立場から倫理を考えることを論じたのはだれか。　　レヴィナス

★★★★★★★★☆☆☆☆☆
**71** □□□ 自由を個人や社会の重要な価値であるとしつつ、社会のなかで平等が実現することを求める立場を何というか。　　リベラリズム

★★★★★★★★☆☆☆☆☆
**72** □□□ 他者の権利を侵害しない限り、個人の自由は最大限保障されなくてはならないとする主張のことを何と呼ぶか。　　リバタリアニズム

★★★★★★★★☆☆☆☆☆
**73** □□□ ロールズを批判し、国家の役割は国防・警察などに限られるべきだという最小国家論を主張したのはだれか。　　ノージック

★★★★★★★★☆☆☆☆☆
**74** □□□ 個人の属する共同体のもつ価値観である共通善を尊重すべきだとする主張を何というか。　　コミュニタリアニズム

★★★★★★★★☆☆☆☆☆
**75** □□□ アメリカの政治哲学者で、ロールズの想定する個人は「負荷のない個人」であると批判したのはだれか。　　サンデル

## ■中国の思想

★★★★☆☆☆☆☆☆☆☆☆
**1** □□□ 中国の春秋・戦国時代（前8世紀から前3世紀）に現れた、多くの思想家たちを何と呼ぶか。　　諸子百家

★★★★★★★★★★☆☆☆
**2** □□□ 四書（『大学』『中庸』『論語』『孟子』）・五経などを経典とし、孔子らの聖人を尊ぶ教学を何というか。　　儒教

★★★★★★★★★★☆☆☆
**3** □□□ 中国の春秋時代の思想家で、魯の国に生まれた儒家の始祖はだれか。　　孔子

| ★★★★★★★★★ | | |
|---|---|---|
| 4 □□□ | <u>孔子</u>の言動を弟子がまとめた書物で、儒教の教えを説いたものとして、四書の1つに数えられているのは何か。 | 『論語』 |
| ★★★★ | | |
| 5 □□□ | 治世において、<u>君子</u>のもつ徳によって人々を導き、おさめるべきであるという孔子の主張を何というか。 | 徳治主義 |
| ★★★★★★★★★★ | | |
| 6 □□□ | 近親者への自然な情愛のことで、<u>儒教</u>のもっとも重要な徳とされるものを何というか。 | 仁 |
| ★★★★★★★★★ | | |
| 7 □□□ | 儒教の徳目の1つで、たがいの親愛や思いやりを表す仁の外形的な表現、礼儀作法を何というか。 | 礼 |
| ★★★★ | | |
| 8 □□□ | <u>仁</u>の根本であるとされる、父母によく仕えることと、年長者への恭順の心を何というか。 | 孝悌 |
| ★★★★★★★ | | |
| 9 □□□ | 孔子の説く仁の具体的なあり方で、自分を偽らず真心をもつことを何というか。 | 忠 |
| ★★★★★★★ | | |
| 10 □□□ | 孔子の説く仁の具体的なあり方で、他人を思いやる心のことを何というか。 | 恕 |
| ★★★★★★ | | |
| 11 □□□ | 孔子の孫について学び、<u>性善説</u>や<u>王道政治</u>を説き、仁義礼智の四徳を重視したのはだれか。 | 孟子 |
| ★★★★ | | |
| 12 □□□ | <u>孟子</u>のいう、人の不幸を見すごすことのできない心で、仁の徳の端緒となるものを何というか。 | 惻隠の心 |
| ★★★ | | |
| 13 □□□ | 悪を恥じ、憎む心で、<u>義</u>の徳の端緒となるものを何というか。 | 羞悪の心 |
| ★★★ | | |
| 14 □□□ | へりくだり、譲る心で、<u>礼</u>の徳の端緒となるものを何というか。 | 辞譲の心 |
| ★★★ | | |
| 15 □□□ | 物事の是非善悪を判断する心で、<u>智</u>の徳の端緒となるものを何というか。 | 是非の心 |
| ★★★★★ | | |
| 16 □□□ | 戦国時代末期の儒学者で、<u>性悪説</u>、<u>礼治主義</u>をとなえたのはだれか。 | 荀子 |
| ★★★★★ | | |
| 17 □□□ | <u>荀子</u>の主張する、人間の生まれついた本性は悪であるとする考え方を何というか。 | 性悪説 |
| ★★★★ | | |
| 18 □□□ | 四書を重視し、慎み深い心をもち（<u>居敬</u>）、万物の理を究 | 朱子学 |

| | |
|---|---|
| めること（窮理）を主張する学問を何というか。 | |
| ★★★・・・・・・・・・・・・<br>**19**<br>□□□ 心即理をとなえ、人間がもつ善悪を判断する力である良知をつくすこと（致良知）を主張した学問を何というか。 | 陽明学 |
| ★★★・・・・・・・・・・・・<br>**20**<br>□□□ 老子を祖とし、荘子へと続く、天地万物を生み出す原理である道（タオ）につくことを説く学派を何というか。 | 道家 |
| ★★★・・・・・・・・・・・・<br>**21**<br>□□□ 生没年不詳の老荘思想（道家）の始祖で、道（タオ）を説き、無為自然や小国寡民を主張したのはだれか。 | 老子 |
| ★★★・・・・・・・・・・・・<br>**22**<br>□□□ 老子が理想としたあり方で、作為をほどこさず、おのずからそうなるようにあることを何というか。 | 無為自然 |
| ★★★・・・・・・・・・・・・<br>**23**<br>□□□ 老子の思想を受け継ぎ、道という立場からみれば、万物は皆斉しいという万物斉同を説いたのはだれか。 | 荘子 |

## ■日本の思想

| | |
|---|---|
| ★★★★★★★・・・・・・・<br>**1**<br>□□□ あらゆる物事に霊魂（アニマ）などがやどり、それを生命的・霊的な力ととらえる信仰を何というか。 | アニミズム |
| ★★★★★★★・・・・・・・<br>**2**<br>□□□ 現存する最古の歴史書で、神代から推古天皇に至る日本国家成立の歴史を、神話を交えて叙述する書は何か。 | 『古事記』 |
| ★★★★★★★★★・・・・・<br>**3**<br>□□□ 古代において重んじられた、偽りのない、私心のない澄みきった心を何というか。 | 清明心（清き明き心） |
| ★★★★★★★★・・・・・・<br>**4**<br>□□□ 日本の固有信仰、民族宗教であり、アニミズム・シャーマニズムの特徴がみられる多神教を何というか。 | 神道 |
| ★★★★・・・・・・・・・・・<br>**5**<br>□□□ 日本の古代信仰において、人間の力をこえた、不思議な力を有する存在を何というか。 | カミ |
| ★★★★★★★・・・・・・・・<br>**6**<br>□□□ 古代日本人が信仰の対象とした、無数の神々を何というか。 | 八百万の神 |
| ★★★★・・・・・・・・・・・<br>**7**<br>□□□ 日本の古代において、共同体の秩序を乱し、共同体を危険にさらすような行為を何というか。 | ツミ（罪） |
| ★★★★★★★・・・・・・・<br>**8**<br>□□□ 日常生活を支えるエネルギーである「ケ」が枯渇した状態を何というか。 | ケガレ |

| | | |
|---|---|---|
| ★★★★★★★★★★★★ 9 □□□ | 身体に**ツミ・ケガレ**がある時、水で身体を洗い清めることを何というか。 | 禊(みそぎ) |
| ★★★★★★★★★★★ 10 □□□ | 災厄やケガレ、罪を取り除くためにおこなう神事を何というか。 | 祓(はらい) |
| ★★★★★★★★★★ 11 □□□ | 仏教を深く理解し、法隆寺・四天王寺を建立し、『三経義疏』を著したとされる古代の政治家とはだれか。 | 聖徳太子 |
| ★★★★★★★★★★ 12 □□□ | 和の精神を強調し、三宝(仏法僧)を敬うことなどを述べた、官人が守るべき規律を示したものを何というか。 | 憲法十七条(十七条憲法) |
| ★★★★★★★★★ 13 □□□ | 国家を安泰に保つことで、日本の古代の仏教はこのような目的で受容されたが、これを何というか。 | 鎮護国家 |
| ★★★★★★★★★ 14 □□□ | **天台宗**の開祖で**延暦寺**を開き、大乗戒壇設置をめざし、法華経を重視して法華一乗の教えを説いたのはだれか。 | 最澄 |
| ★★★★★★★★★ 15 □□□ | **真言宗**の開祖で、**密教**をもたらし、大日如来と一体化し、悟りを開くこと(**即身成仏**)を説いたのはだれか。 | 空海 |
| ★★★★★★★★ 16 □□□ | **浄土信仰**の中心となる仏で、西方の極楽浄土で人々を教化し、衆生を救済するとされる仏を何というか。 | 阿弥陀仏 |
| ★★★★ 17 □□□ | 正法・像法ののち、仏教の教(教え)のみが伝えられ行(修行)と証(悟り)が不可能になる時代がくるという歴史観を何というか。 | 末法思想 |
| ★★★★★★★ 18 □□□ | 浄土宗、浄土真宗の教えにおいて、**阿弥陀仏**の本願の力によって救われる(往生する)ことを何というか。 | 他力 |
| ★★★★★★★★★★★ 19 □□□ | **浄土宗**の開祖で、末法では、ただ阿弥陀仏にすがるための**念仏**以外に救済の道がないことを説いたのはだれか。 | 法然 |
| ★★★★★★★★★ 20 □□□ | もっぱら**南無阿弥陀仏**ととなえることによって、阿弥陀仏の極楽浄土に往生できるとする**法然**の教えを何というか。 | 専修念仏 |
| ★★★★ 21 □□□ | **浄土真宗**の開祖で、**絶対他力**を主張し、極楽往生するにはひたすら阿弥陀仏にすがるべきととなえたのはだれか。 | 親鸞 |
| ★★★★★★★★ 22 □□□ | 善人よりも自己の罪深さ知り、煩悩に苦しむ者こそ、阿弥陀仏の救いの真の対象となるという教えを何というか。 | 悪人正機説 |

| ★★★★★★★☆☆☆☆☆ | | |
|---|---|---|
| **23** ☐☐☐ | 人々の救いを本願とする阿弥陀仏にひたすらすがることにより救いを求めるという、<u>親鸞</u>の立場を何というか。 | 絶対他力 |
| ★★★★★☆☆☆☆☆☆ | | |
| **24** ☐☐☐ | <u>臨済宗</u>の開祖で、臨済禅のほか喫茶の風習を日本に伝え、『興禅護国論』を著したのはだれか。 | 栄西 |
| ★★★★★★★☆☆☆☆ | | |
| **25** ☐☐☐ | <u>曹洞宗</u>の開祖で、永平寺を開き、『正法眼蔵』を著したのはだれか。 | 道元 |
| ★★★★★★☆☆☆☆☆ | | |
| **26** ☐☐☐ | <u>道元</u>の教えで、ひたすら<u>坐禅</u>に打ち込むことを何というか。 | 只管打坐 |
| ★★★★★★★☆☆☆☆ | | |
| **27** ☐☐☐ | <u>日蓮宗</u>の開祖で、『立正安国論』を著し、法華経の行者として激しい他宗排撃をおこない法難を受けたのはだれか。 | 日蓮 |
| ★★★★★★☆☆☆☆☆ | | |
| **28** ☐☐☐ | 天台宗や日蓮宗で最重要視された大乗仏典の1つで、釈<sub>カ</sub>迦を永遠の仏であると説く経典とは何か。 | 法華経 |
| ★★★★★☆☆☆☆☆☆ | | |
| **29** ☐☐☐ | 法華経に帰依しますという意味で、日蓮宗でとなえられる<u>題目</u>を何というか。 | 南無妙法蓮華経 |
| ★★★★☆☆☆☆☆☆☆ | | |
| **30** ☐☐☐ | 江戸期の朱子学者で、<u>藤原惺窩</u>に学び、徳川家康に仕えて幕府の侍講となり、<u>上下定分の理</u>をとなえたのはだれか。 | 林羅山 |
| ★★★★☆☆☆☆☆☆☆ | | |
| **31** ☐☐☐ | 日本陽明学の祖で、人間関係の基本原理として<u>孝</u>の徳目を重視し、近江聖人と称されたのはだれか。 | 中江藤樹 |
| ★★★★★★★☆☆☆☆ | | |
| **32** ☐☐☐ | <u>古義学</u>派の祖で、古義堂を開き、朱子学を批判し、『論語』『孟子』の精神に立ちかえることを主張したのはだれか。 | 伊藤仁斎 |
| ★★★★★★☆☆☆☆☆ | | |
| **33** ☐☐☐ | <u>伊藤仁斎</u>が道の全体であるとした、偽りがなく、私心のない利己心を捨てた純粋な心を何というか。 | 誠 |
| ★★★★★★☆☆☆☆☆ | | |
| **34** ☐☐☐ | 朱子学を批判して<u>古文辞学</u>を主張し、人が従うべき道とは、中国の古代の先王・聖人が制作・作為した<u>先王の道</u>であるとしたのはだれか。 | 荻生徂徠 |
| ★★★★★★★★★☆☆☆ | | |
| **35** ☐☐☐ | 復古的な思想をもち、日本固有の精神を日本古典の解読や古代文化の研究を通して見出そうとした学問を何というか。 | 国学 |
| ★★★★★★★★★★☆☆ | | |
| **36** ☐☐☐ | <u>国学</u>の大成者で、古道は<u>惟神の道</u>であるとし、『古事記伝』などを著したのはだれか。 | 本居宣長 |

| ★★★★★・・・・・・・・・ | | |
|---|---|---|
| **37** □□□ | 儒学・仏教に感化されて生じた心で、善悪ばかりで物事をとらえる態度を<u>本居宣長</u>は何と呼んで批判したか。 | 漢意<br>（からごころ） |
| ★★★★★★・・・・・・・ | | |
| **38** □□□ | 物事を素直に感じ受け入れていく、生まれたままの心で、宣長が古代の日本人がもっていたとした心を何というか。 | 真心 |
| ★★★★★★★★★・・・・ | | |
| **39** □□□ | もの（自然）に触れた時、人にわき立つようにおこる、しみじみとした感情のことを何というか。 | もののあはれ |
| ★★★★★★★★★★★★・ | | |
| **40** □□□ | 明治期の啓蒙思想家で、慶應義塾を創設し、『<u>学問のすゝめ</u>』『文明論之概略』などを著したのはだれか。 | 福沢諭吉 |
| ★★★★★★・・・・・・・ | | |
| **41** □□□ | <u>福沢諭吉</u>が「<u>一身独立して一国独立す</u>」と説いて重視した考え方で、個人が自主独立の生活を営むことを何というか。 | 独立自尊 |
| ★★★★★・・・・・・・・・ | | |
| **42** □□□ | 『学問のすゝめ』のなかで、<u>天賦人権</u>の考え方を示し、個人の自主独立・自由平等を説いた言葉は何か。 | 「天は人の上に人を造らず、人の下に人を造らずと云へり」 |
| ★★★★★★・・・・・・・ | | |
| **43** □□□ | 福沢諭吉が数理学と表現し、西洋から学ぶべきものとしてあげた、実用的で実利的な学問を何というか。 | 実学 |
| ★★★★・・・・・・・・・・ | | |
| **44** □□□ | 人間のもつ自然権は天から与えられたものであり、これをおかすことはできないという考え方を何というか。 | 天賦人権 |
| ★★★・・・・・・・・・・・ | | |
| **45** □□□ | ルソーの『社会契約論』を訳し「<u>東洋のルソー</u>」と呼ばれ、<u>恢復的民権</u>をとなえた自由民権運動の指導者はだれか。 | 中江兆民 |
| ★★★★★★・・・・・・・ | | |
| **46** □□□ | プロテスタント派のキリスト教信仰を伝え、「<u>二つのＪ</u>」のために生命をささげようとした人物はだれか。 | 内村鑑三 |
| ★★★★★★★★★★・・・ | | |
| **47** □□□ | 『吾輩は猫である』『坊っちゃん』『それから』『こころ』などで知られる近代日本文学を代表する作家はだれか。 | 夏目漱石 |
| ★★★★★★★・・・・・・ | | |
| **48** □□□ | 内部から自然に出た発展という意味で、<u>夏目漱石</u>がとらえた自発的で内在的な西洋の開化のあり方を何というか。 | 内発的開化 |
| ★★★★★★★・・・・・・ | | |
| **49** □□□ | 自己の内面的な主体性の確立をめざすために、夏目漱石が訴えた個人主義のことを何というか。 | 自己本位 |
| ★★★★★★★・・・・・・ | | |
| **50** □□□ | 『<u>善の研究</u>』を著し、坐禅体験を活かしつつ、独創的な哲学体系をつくり上げたのはだれか。 | 西田幾多郎 |

| | | |
|---|---|---|
| **51** ☐☐☐ | 主観と客観とがわかれる以前(主客未分)の経験であり、西田幾多郎が真に実在するものであるとしたのは何か。 | 純粋経験 |
| **52** ☐☐☐ | 『古寺巡礼』『日本倫理思想史』『倫理学』などを著し、倫理学は人間の学でなければならないとしたのはだれか。 | 和辻哲郎 |
| **53** ☐☐☐ | 和辻哲郎は、人間存在を、個人性と社会性との相互関係として何であるととらえたか。 | 間柄的存在 |
| **54** ☐☐☐ | モンスーン型・砂漠型・牧場型の3つの類型を示し、風土と人間の文化的あり方を説いた和辻の著作は何か。 | 『風土』 |
| **55** ☐☐☐ | 常民の慣習・行事・信仰・伝承など生活文化を通し、日本文化の基層を明らかにしようとする学問を何というか。 | 民俗学 |
| **56** ☐☐☐ | 日本民俗学の創始者で、『遠野物語』を著し、一般の人々(常民)の生活の習俗や伝承の研究をおこなったのはだれか。 | 柳田国男 |
| **57** ☐☐☐ | 日本には理性的で主体的な個が欠けていると批判し、戦後の民主主義思想のオピニオン・リーダーとなった政治学者はだれか。 | 丸山眞男 |

| 第3章 | **公共的な空間における基本原理** |

## ❶ 人間の尊厳と平等

用語集 p.54〜56

| ★★★★★★★★★★★★ | | |
|---|---|---|
| **1** □□□ | 集団において年齢・国籍・人種・宗教・趣味嗜好など様々な違いをもつ人々がともにある状態を何というか。 | 多様性（ダイバーシティ） |
| ★★★★★★★★★★★★★ | | |
| **2** □□□ | 人権保障の基礎であり、日本国憲法第13条で「すべて国民は、<u>個人</u>として尊重される」と述べられている考え方を何というか。 | 個人の尊重 |
| ★★★★★★★★★★★★★ | | |
| **3** □□□ | すべてのそれぞれ異なる人々が等しい扱いを受けることを何というか。 | 平等 |
| ★★★★★ | | |
| **4** □□□ | 社会参加の様々な場面で、すべての人々が同様に扱われるべきであるという平等の考え方を何というか。 | 機会の平等 |
| ★★★★★ | | |
| **5** □□□ | スタートでの平等だけでなく、社会の成員は等しく利益を配分すべきだとする平等の考え方を何というか。 | 結果の平等 |
| ★★★★★★★ | | |
| **6** □□□ | 平等は、個々の違いにもとづく扱いの違いを許さないという点においてどのような平等のかたちをとるか。 | 形式的平等 |
| ★★★★★★★★★★★ | | |
| **7** □□□ | 形式的な平等にとどまらず、本質的な内実をもった平等を何というか。 | 実質的平等 |
| ★★★★★★★★★★ | | |
| **8** □□□ | 人間は人格をもった存在として尊く、おごそかでおかしがたい存在であることを何というか。 | 人間の尊厳 |
| ★★★★★★★★★ | | |
| **9** □□□ | アフリカにわたり、現地の人々の治療やキリスト教の伝道をおこない、ノーベル平和賞を受賞したのはだれか。 | シュヴァイツァー |
| ★★★★★★★★★ | | |
| **10** □□□ | 人間も生きんとする生命であるという自覚のもとに、すべての生命あるものを敬う心を何というか。 | 生命への畏敬 |
| ★★★★★★★★ | | |
| **11** □□□ | インド独立運動の指導者で、真理の把持と<u>非暴力・不服従</u>を主張し実践し、マハトマと呼ばれたのはだれか。 | ガンディー |
| ★★★★★★★ | | |
| **12** □□□ | 殺生に反対することを何というか。<u>ガンディー</u>は暴力の否定から出発し、隣人愛の実践を説いた。 | アヒンサー（不殺生） |

| | | |
|---|---|---|
| ★★★★★★★ | | |
| **13** □□□ | 暴力をいっさい使用しないで、平和的手段を使って相手に非を認めさせることをガンディーは何と呼んだか。 | 非暴力 |
| ★★★★★★★ | | |
| **14** □□□ | アメリカ公民権運動の指導者で、<u>ワシントン大行進</u>をおこない、「I have a dream」の演説をしたのはだれか。 | キング牧師 |
| ★★★★★★★ | | |
| **15** □□□ | アメリカで1950〜60年代に展開した、黒人に対する人種差別の撤廃を求める運動を何というか。 | 公民権運動 |
| ★★★★★★★★★ | | |
| **16** □□□ | レズビアン、ゲイ、バイセクシュアル、トランスジェンダーという<u>性的少数者</u>を総称して何というか。 | LGBT |
| ★★★★★★ | | |
| **17** □□□ | 好きになる性のことを何というか。 | 性的指向 |
| ★★★★★ | | |
| **18** □□□ | 自分で認識している自分の性を何というか。 | 性自認 |
| ★★★★★ | | |
| **19** □□□ | <u>性的指向</u>と<u>性自認</u>のことを何というか。 | SOGI |
| ★★★★★★★ | | |
| **20** □□□ | 旧ユーゴスラビア生まれの修道女で、インドにおいて、もっとも貧しい人々のために献身し、生命の尊さを説いたのはだれか。 | マザー＝テレサ |

## ❷ 自由・権利と責任・義務　　　　用語集 p.56〜57

| | | |
|---|---|---|
| ★★★★★★★★★ | | |
| **1** □□□ | 民主社会の倫理としてもっとも大切な基本的価値で、ほかからの拘束・束縛を受けないことを何というか。 | 自由 |
| ★★ | | |
| **2** □□□ | 自由となるために主体的に自己の行為を選択する自由を何というか。 | 積極的自由 |
| ★★ | | |
| **3** □□□ | 他人からの故意の干渉・抑圧や強制からの解放という自由を何というか。 | 消極的自由 |
| ★★★★★★★★ | | |
| **4** □□□ | ある事柄について自分の意思に従って自由におこなうこと、また正当な理由のもとに他人に対して要求することができる能力を何というか。 | 権利 |

## ❸ 民主政治の基本原理　　　　用語集 p.57〜61

| | | |
|---|---|---|
| ★★★★★★★★★★ | | |
| **1** □□□ | 集団の構成員のあいだで生じる様々な利害関係を調整し、秩序を構築する行為を何というか。 | 政治 |

★★★★★★★☆☆☆☆☆
**2**
□□□ 集団の秩序を維持するために、集団の構成員を支配・統合しうる物理的強制力を何というか。 | 権力

★★★★★★★★☆☆☆☆
**3**
□□□ 私的権力と区別して公的権力とも呼ばれる、国のもつ権力を何というか。 | 国家権力

★★★★☆☆☆☆☆☆☆☆
**4**
□□□ ドイツの社会学者で、支配の正統性を論ずるなかで、支配の3類型として<u>伝統的支配</u>・<u>カリスマ的</u>支配・<u>合法的支配</u>をあげたのはだれか。 | マックス゠ウェーバー

★★★★☆☆☆☆☆☆☆☆
**5**
□□□ 君主が主権をもち、憲法にもとづいて政治をおこなう政治体制を何というか。 | 立憲君主制

★★★★★★★★★★★☆
**6**
□□□ 16〜18世紀ヨーロッパで成立・展開した、国王が官僚と常備軍をもって国家統一を進めた政治形態を何というか。 | 絶対王政

★★★★★★★★★★★☆
**7**
□□□ フィルマー(英)や<u>ボシュエ</u>(仏)がとなえた、君主のもつ絶対的な支配権もしくは統治権は神からの保障にもとづくとする考え方を何というか。 | 王権神授説

★★★★★★★★★★☆☆
**8**
□□□ 法律の制定、予算の審議などをおこなう機関は何か。 | 議会

★★★★★★★★★★★☆
**9**
□□□ 自由主義・共産主義を否定し、自民族の優越性を主張して個人の基本的人権を否定する全体主義や軍国主義の体制を何というか。 | ファシズム

★★★★★★★★☆☆☆☆
**10**
□□□ ドイツの政治家で、<u>ナチス</u>の党首として独裁政治を実現し、第二次世界大戦を引きおこしたのはだれか。 | ヒトラー

★★★★★★★☆☆☆☆☆
**11**
□□□ 国家主義的な要求を掲げて独裁政権を実現させた国民社会主義ドイツ労働者党の通称を何というか。 | ナチス

★★★★★★★★★★★★
**12**
□□□ 人民みずからがもつ権力による支配であり、人民が政治に参加し、権利・自由の保障をするあり方を何というか。 | 民主主義(デモクラシー)

★★★★★★★★★★★☆
**13**
□□□ 民主主義にもとづく政治のことを何というか。 | 民主政治

★★★★★★★★★★★★
**14**
□□□ 古代ギリシアの民会などのように、人民が政治に直接参加する民主主義の制度を何というか。 | 直接民主制

★★★★★★★★★★★★
**15**
□□□ 国民が<u>議会</u>(国会)に選出した代表者(代議員)によって、政治がおこなわれる制度を何というか。 | 間接民主制

| | | |
|---|---|---|
| ★★★★★★★★★★★☆ | | |
| **16** ☐☐☐ | 立法府を国政の審議・論議・決定の場とする、議会を中心としておこなわれる民主主義を何というか。 | 議会制民主主義 |
| ★★★★☆☆☆☆☆☆☆☆ | | |
| **17** ☐☐☐ | 投票者が複数の候補(案)に対し、よいと思う順に高い点数をつけて集計し意思決定をする方法を何というか。 | ボルダルール |
| ★★★★★★☆☆☆☆☆☆ | | |
| **18** ☐☐☐ | センセーショナリズムやポピュリズムなどが指摘される、大衆社会における民主主義を何というか。 | 大衆民主主義(マス・デモクラシー) |
| ★★★★★★★★★★★★ | | |
| **19** ☐☐☐ | 人々が自然権を確保するために、人々の合意による契約によって社会が成立したとする考え方を何というか。 | 社会契約説 |
| ★★★★★★★★★★★★ | | |
| **20** ☐☐☐ | 人間が生まれながらにしてもっているとされる権利のことを何というか。生命・自由・平等などが含まれる。 | 自然権 |
| ★★★★★★★★★★★☆ | | |
| **21** ☐☐☐ | 実定法ではなく、人間の理性・本性から生じる、永遠で不変とされる法を何というか。 | 自然法 |
| ★★★★★★★★★★★☆ | | |
| **22** ☐☐☐ | イギリスの思想家で、著書『リヴァイアサン』で社会契約による国家の成立を論じたのはだれか。 | ホッブズ |
| ★★★★★★★★★★★☆ | | |
| **23** ☐☐☐ | 書名は『旧約聖書』にある巨大な怪物のことで、社会契約にもとづいた強大な国家を構想したホッブズの著作とは何か。 | 『リヴァイアサン』 |
| ★★★★★★★★★★☆☆ | | |
| **24** ☐☐☐ | 人間の自然状態は、みなが平等に自然権をもち、それゆえ戦争状態であるということをホッブズは何と呼んだか。 | 「万人の万人に対する闘争」 |
| ★★★★★★★☆☆☆☆☆ | | |
| **25** ☐☐☐ | 社会契約説において想定される、国家や社会が成立する以前の人間間の状態を何というか。 | 自然状態 |
| ★★★★★★★★★★★★ | | |
| **26** ☐☐☐ | イギリスの思想家で経験論の立場に立ち、政治思想でアメリカ独立宣言などに大きな影響を与えたのはだれか。 | ロック |
| ★★★★★★★☆☆☆☆☆ | | |
| **27** ☐☐☐ | 間接民主主義による法のもとでの統治と、個人の自由の両立を説き、名誉革命を擁護したロックの著作は何か。 | 『統治二論』 |
| ★★★★★★★★★★★☆ | | |
| **28** ☐☐☐ | 人民の信託に反する政府は改変、交代させることができるとする、ロックが主張した権利を何というか。 | 抵抗権(革命権) |
| ★★★★★★★★★★★★ | | |
| **29** ☐☐☐ | フランスの啓蒙思想家で、『人間不平等起源論』や『社会契約論』を著し、人民主権をとなえたのはだれか。 | ルソー |

★★★★★★★★★★☆☆☆☆
| 30 □□□ | 社会契約説を説き、政府は主権者の代理機関にすぎないとして<u>直接民主主義</u>を主張したルソーの著作は何か。 | 『社会契約論』 |

★★★★★★★★★★★☆☆☆
| 31 □□□ | 個人の意志の総和である全体意志とは区別される、社会公共の幸福をめざす全人民の意志を何というか。 | 一般意志 |

★★★★★★★★★☆☆☆☆
| 32 □□□ | アメリカ第16代大統領で、南北戦争の時に奴隷解放宣言を出し、<u>ゲティスバーグの演説</u>でも知られるのはだれか。 | リンカーン |

★★★★★★★★★☆☆☆☆
| 33 □□□ | <u>リンカーン</u>がゲティスバーグの演説で述べた、民主主義の理想を表明した言葉は何か。 | 「人民の、人民による、人民のための政治」 |

## ❹ 法の支配と立憲主義　　　用語集 p.62〜63

★★★★★★★☆☆☆☆☆
| 1 □□□ | 1215年にイギリスで出された、国王による恣意的な課税の禁止など貴族たちの主張を認めた文書を何というか。 | マグナ・カルタ（大憲章） |

★★★★★★★★★★★☆☆☆
| 2 □□□ | 欧米諸国で17〜18世紀に展開された、当時台頭した<u>市民階級</u>による社会変革の動きを何というか。 | 市民革命 |

★★★★★★★☆☆☆☆☆
| 3 □□□ | イギリスの政治家で、イギリス国王ジェームズ1世に対して、「<u>国王といえども神と法の下にある</u>」と批判したのはだれか。 | エドワード゠コーク |

★★★★★☆☆☆☆☆☆
| 4 □□□ | イギリスにおける中世以来の慣習法を指し、イギリスの「<u>法の支配</u>」思想の源流となったものを何というか。 | コモン・ロー（普通法） |

★★★★★★☆☆☆☆☆
| 5 □□□ | 国王が議会を無視した専制政治をおこなったため、これに対抗して1688年にイギリスでおこった市民革命を何というか。 | 名誉革命 |

★★★★★★★★★☆☆☆☆
| 6 □□□ | 議会の承諾なしに法律の制定・停止や課税などができないとし、イギリスでの議会制度・議会優位の基礎となった、1689年に出された文書は何か。 | 権利章典 |

★★★★★★☆☆☆☆☆☆
| 7 □□□ | イギリスで普通選挙権を求める請願「人民憲章」を議会に提出し、大規模な署名運動を展開した運動を何というか。 | チャーチスト運動 |

★★★★★★☆☆☆☆☆☆
| 8 □□□ | 1775〜83年にイギリスからの独立を求めて、13植民地が立ち上がっておきた独立革命を何というか。 | アメリカ独立革命 |

★★★★★★☆☆☆☆☆☆
| 9 □□□ | 世界初の成文憲法としても知られ、天賦人権の思想を明 | バージニア権利章典 |

確に示し、人権宣言の先駆的とされる文書は何か。

| | | |
|---|---|---|
| 10 □□□ | <u>ジェファーソン</u>らが起草した、生命・自由・幸福追求の権利を天賦のものとし、その権利を保持するために政府が組織されたと説く文書は何か。 | アメリカ独立宣言 |
| 11 □□□ | 自由・平等・友愛をスローガンとし、絶対王政を打倒して共和制を樹立した1789年からの市民革命を何というか。 | フランス革命 |
| 12 □□□ | 人間の自由と平等、<u>自然権</u>の保持、財産権の不可侵、権力分立などを定めた、1789年に出された文書は何か。 | フランス人権宣言 |
| 13 □□□ | 新興勢力の商工業者のことで、資本主義においては、労働者階級(<u>プロレタリアート</u>)と対立する階級を何というか。 | 市民階級(ブルジョワジー) |
| 14 □□□ | 国家権力をいくつかの国家機関に分担させ、たがいの<u>抑制・均衡</u>により、権力の濫用を防ぐことを何というか。 | 権力分立 |
| 15 □□□ | フランスの思想家で、権力の濫用を防ぐため<u>三権分立</u>を主張し、アメリカ合衆国憲法に影響を与えたのはだれか。 | モンテスキュー |
| 16 □□□ | イギリスの制度を研究し、立法権・執行権・司法権の三権分立を主張した、<u>モンテスキュー</u>の著作は何か。 | 『法の精神』 |
| 17 □□□ | 権力を分離・独立させるだけでなく、権力がたがいに抑制し、均衡を保つ仕組みを何というか。 | 抑制・均衡(チェック・アンド・バランス) |
| 18 □□□ | 国家権力を<u>立法</u>・<u>行政</u>・<u>司法</u>にわけ、それぞれを議会・政府・裁判所に帰属させる制度を何というか。 | 三権分立 |

## ❺ 世界のおもな政治体制　　用語集 p.64～66

| | | |
|---|---|---|
| 1 □□□ | ドイツのナチズムなど、国家あるいは民族の全体を重視し、個人の自由を認めない考え方を何というか。 | 全体主義 |
| 2 □□□ | 内閣を、議会の信任にもとづいて組織する制度を何というか。内閣は議会に対して責任を負う。 | 議院内閣制 |
| 3 □□□ | イギリスの議会を構成する一院で、選挙・任期があり、法律案成立について優越をもつ議院を何というか。 | 下院(庶民院) |
| 4 □□□ | イギリスで非民選議員である聖職者議員・世襲貴族・法 | 上院(貴族院) |

律貴族を含む一代貴族から構成される議院を何というか。

| ★★★★★★★★★☆ | | |
|---|---|---|
| 5 □□□ | イギリスで政権を担当していない政党が形成する組織で、影の大臣として政策担当者をおくものを何というか。 | 影の内閣（シャドー・キャビネット |
| ★★★★★☆☆☆☆☆ | | |
| 6 □□□ | 複合国家の1つで、多数の国や州が、1つの主権のもとに結びついて一国家をつくる制度のことを何というか。 | 連邦制 |
| ★★★★★★★★★★ | | |
| 7 □□□ | アメリカなど、共和制の国家が採用している政治制度を何というか。 | 大統領制 |
| ★★★★★★★★☆☆ | | |
| 8 □□□ | アメリカ大統領が議会に対してもつ権限で、議会を通過した法律案に大統領が署名をしないことを何というか。 | 法案拒否権 |
| ★★★★★★★★☆☆ | | |
| 9 □□□ | アメリカ大統領が連邦議会に提出する文書は何か。年頭・経済・予算についてなどがある。 | 教書 |
| ★★★★★★★★★★ | | |
| 10 □□□ | 共和制の国家元首を何というか。 | 大統領 |
| ★★★★★☆☆☆☆☆ | | |
| 11 □□□ | アメリカで、各州2人選出され任期6年、条約の批准・大統領の官職任命に対する同意権をもつ院を何というか。 | 上院（元老院） |
| ★★★★★★★☆☆☆ | | |
| 12 □□□ | 国家権力の最高機関に、すべての権力が集中される、中国などに代表される制度を何というか。 | 権力集中制 |
| ★★★★★★☆☆☆☆ | | |
| 13 □□□ | 日中戦争で国民の支持を広げ、国民党に勝利して、1949年に中華人民共和国の成立を宣言した党を何というか。 | 中国共産党 |
| ★★★★★★★★★☆ | | |
| 14 □□□ | 他国の議会に当たり、法律の解釈、条約の批准などをおこない、一党制をとる中国の最高権力機関を何というか。 | 全国人民代表大会（全人代） |

# ⑥ 日本国憲法の基本原則　　用語集 p.67〜96

## ■大日本帝国憲法

| ★☆☆☆☆☆☆☆☆☆ | | |
|---|---|---|
| 1 □□□ | 17〜18世紀に欧米でおこった市民革命後に制定された統治の基本法のことを何というか。 | 近代憲法 |
| ★★★☆☆☆☆☆☆☆ | | |
| 2 □□□ | 憲法の制定と国会の開設を要求した、明治時代の政治運動を何というか。 | 自由民権運動 |
| ★★☆☆☆☆☆☆☆☆ | | |
| 3 □□□ | 政府が憲法を制定する以前に、民間で起草された憲法私案の総称を何というか。 | 私擬憲法 |

| | | |
|---|---|---|
| ★★★★★★★★★★★<br>**4**<br>☐☐☐ | 1889（明治22）年 2 月11日に発布、翌年11月29日に施行された日本初の近代憲法を何というか。 | 大日本帝国憲法（明治憲法） |
| ★☆☆☆☆☆☆☆☆☆☆<br>**5**<br>☐☐☐ | 1885（明治18）年に初代総理大臣となり1886（明治19）年より<u>大日本帝国憲法</u>の起草に当たった人物はだれか。 | 伊藤博文 |
| ★☆☆☆☆☆☆☆☆☆☆<br>**6**<br>☐☐☐ | 1888（明治21）年、天皇の最高諮問機関として創設された機関を何というか。 | 枢密院 |
| ★★★★★★★☆☆☆☆<br>**7**<br>☐☐☐ | 立法権・行政権・司法権の三権を総称して何というか。 | 統治権 |
| ★★★★☆☆☆☆☆☆☆<br>**8**<br>☐☐☐ | 大日本帝国憲法を制定する際に手本とした、1850年にドイツで制定された憲法を何というか。 | プロイセン憲法 |
| ★★★★★★★★★★★<br>**9**<br>☐☐☐ | 国家意思の最終的・最高の決定権は<u>天皇</u>にあるとする、大日本帝国憲法の基本原理を何というか。 | 天皇主権 |
| ★★★★★★★★★★★<br>**10**<br>☐☐☐ | 君主が憲法制定権や改正権をもち、<u>臣民</u>に与えた憲法を何というか。 | 欽定憲法 |
| ★★★★★★★★★★☆<br>**11**<br>☐☐☐ | 天皇の政治上の権限で、命令大権・統帥大権・任命大権などを総称して何というか。 | 天皇大権 |
| ★★★★★★★★★★★<br>**12**<br>☐☐☐ | 軍の指揮をおこなう権力を何というか。 | 統帥権 |
| ★★★★★★★★★☆☆<br>**13**<br>☐☐☐ | 大日本帝国憲法下で、内閣は天皇の<u>統治権</u>の行使に対する助言の機関であったが、これを何というか。 | 輔弼機関 |
| ★★★★★★★★★☆☆<br>**14**<br>☐☐☐ | 大日本帝国憲法下の議会で、<u>貴族院</u>と<u>衆議院</u>で構成されていた議会を何というか。 | 帝国議会 |
| ★★★★★★★★☆☆☆<br>**15**<br>☐☐☐ | 大日本帝国憲法下では、議会は天皇に対して、どのような機関であったか。 | 協賛機関 |
| ★☆☆☆☆☆☆☆☆☆☆<br>**16**<br>☐☐☐ | 皇位の継承順位など、皇室の制度・構成などについて定めた法律を何というか。 | 皇室典範 |
| ★★★★★★★★★☆☆<br>**17**<br>☐☐☐ | 大日本帝国憲法下で、天皇から与えられたという形式で認められた基本的人権を何というか。 | 臣民の権利 |
| ★★★★★☆☆☆☆☆☆<br>**18**<br>☐☐☐ | 一般に主権国家において君主に仕える者を何というか。 | 臣民 |

| | | |
|---|---|---|
| ★★★★★★★★★★★☆ 19 ☐☐☐ | 大日本帝国憲法下で、法律にもとづく限り、個人の権利・自由に対して必要な制限・侵害などをすることができたことを何というか。 | 法律の留保（法律の範囲内） |
| ★★★★★★★★★★★☆☆ 20 ☐☐☐ | 1925（大正14）年、普通選挙法ととも制定した、天皇制の変革などを考える者などを取り締まる法律を何というか。 | 治安維持法 |
| ★☆☆☆☆☆☆☆☆☆☆☆ 21 ☐☐☐ | ある国の基礎的な政治の原則のことを何というか。 | 国体 |
| ★★★★☆☆☆☆☆☆☆☆ 22 ☐☐☐ | 大正時代を中心とした、比較的自由で民主的な風潮を何というか。 | 大正デモクラシー |
| ★★★★★★★★★★☆☆ 23 ☐☐☐ | 1939〜45年におきた連合国側と枢軸国側との世界戦争を何というか。 | 第二次世界大戦 |
| ★★★★☆☆☆☆☆☆☆☆ 24 ☐☐☐ | 1941（昭和16）年、日本の英領マレー半島上陸、ハワイ真珠湾の奇襲攻撃で始まった戦争を何というか。 | 太平洋戦争 |
| ★☆☆☆☆☆☆☆☆☆☆☆ 25 ☐☐☐ | 1940（昭和15）年に結成された、一大官製機関を何というか。 | 大政翼賛会 |
| ★★★★☆☆☆☆☆☆☆☆ 26 ☐☐☐ | 軍事力を国家の中核とし、政治・経済・教育などを国家に従属させようとする体制を何というか。 | 軍国主義 |

## ■ 日本国憲法の成立

| | | |
|---|---|---|
| ★★★★★★★★★★★☆ 1 ☐☐☐ | 1945年、アメリカ・イギリス・中国が、日本軍への無条件降伏勧告を宣言した文書は何か。 | ポツダム宣言 |
| ★★★★★★★★★★★☆ 2 ☐☐☐ | 第二次世界大戦後、日本の占領行政を担当した機関を何というか。 | GHQ（連合国軍総司令部） |
| ★★★★★★★★★★★☆ 3 ☐☐☐ | 連合国軍の最高司令官として日本に赴任したアメリカの軍人はだれか。 | マッカーサー |
| ★☆☆☆☆☆☆☆☆☆☆☆ 4 ☐☐☐ | GHQ の占領開始後に内閣総理大臣となり、新憲法草案の作成をめぐり、GHQ と交渉をおこなったのはだれか。 | 幣原喜重郎 |
| ★★★★★★★★★★☆☆ 5 ☐☐☐ | 1946（昭和21）年、憲法問題調査委員会が提出した憲法改正の草案を何というか。 | 松本案 |
| ★★★★★★★☆☆☆☆☆ 6 ☐☐☐ | 1946（昭和21）年2月に示された、マッカーサーによる憲法改正の3つの基本方針を何というか。 | マッカーサー三原則 |

| | | |
|---|---|---|
| ★★★★★★★☆☆☆☆☆ | | |
| 7 ☐☐☐ | 1946（昭和21）年 2 月に GHQ が日本政府に示した憲法改正草案を何というか。 | マッカーサー草案 |
| ★★★★★★★★★☆☆☆ | | |
| 8 ☐☐☐ | 1946（昭和21）年 5 月に召集された、大日本帝国憲法にもとづく最後の議会を何というか。 | 第90回帝国議会 |
| ★★★★★★★★★★★★ | | |
| 9 ☐☐☐ | 1946（昭和21）年11月 3 日公布、翌年 5 月 3 日施行の、新憲法を何というか。 | 日本国憲法 |

## ■日本国憲法の原理

| | | |
|---|---|---|
| ★★★★★★★★★★☆☆☆ | | |
| 1 ☐☐☐ | 日本国憲法第98条では、憲法を国に対してどのような法律と位置づけているか。 | 最高法規 |
| ★★★★★★★☆☆☆☆☆ | | |
| 2 ☐☐☐ | 国民、または国民から選挙された代表者が制定した憲法を何というか。 | 民定憲法 |
| ★★★★★★★★★★★★ | | |
| 3 ☐☐☐ | 日本国憲法における基本的人権の尊重・平和主義・国民主権を総称して何というか。 | 日本国憲法の基本原理（日本国憲法の三大原則） |
| ★★★★★★★★★★★★ | | |
| 4 ☐☐☐ | 人間の生まれながらにもつ、自由かつ平等な権利（自然権）が、最大限に尊重されることを何というか。 | 基本的人権の尊重 |
| ★★★★☆☆☆☆☆☆☆☆ | | |
| 5 ☐☐☐ | 日本国憲法の一部を構成し、日本国憲法制定の由来のほか、基本的人権の尊重などを宣言したものを何というか。 | 憲法前文 |
| ★★★★★★★★★☆☆☆ | | |
| 6 ☐☐☐ | 1941年、ローズヴェルト米大統領の「欠乏からの自由」と「恐怖からの自由」をもとにした権利を何というか。 | 平和的生存権 |
| ★★★★★★★★★★★☆ | | |
| 7 ☐☐☐ | 国家の意思を決定する最高の権力としての主権が、国民に存するという近代憲法の基本原則を何というか。 | 国民主権 |
| ★★★★★★★★★☆☆☆ | | |
| 8 ☐☐☐ | 日本国憲法第 1 条に規定されている戦後の天皇制を何というか。 | 象徴天皇制 |
| ★★★★★★★★★★★★ | | |
| 9 ☐☐☐ | 日本国憲法第 4 条 2 項・第 6 条・第 7 条で定められた、天皇が国家機関としておこなう行為を何というか。 | 国事行為 |
| ★★★★★★★★★★☆☆ | | |
| 10 ☐☐☐ | 日本国憲法第 3 条で規定された「天皇の国事に関するすべての行為」に対して、必要なものを何というか。 | 内閣の助言と承認 |

| | | |
|---|---|---|
| **11**<br>□□□ | すべての人間が、生まれながらにしてもっている権利を何というか。 | 基本的人権 |
| **12**<br>□□□ | 日本国憲法第11条では、<u>基本的人権</u>をどのような権利と表現しているか。 | 侵すことのできない永久の権利 |
| **13**<br>□□□ | 社会全体の利益、社会生活についての各個人の共通の利益を何というか。 | 公共の福祉 |
| **14**<br>□□□ | 公的な立場を離れた一個人のことを何というか。 | 私人 |

## ■平和主義

| | | |
|---|---|---|
| **1**<br>□□□ | 憲法第99条に規定されている、公務員にとくに求められている義務を何というか。 | 憲法尊重擁護義務 |
| **2**<br>□□□ | 憲法の定めている手続きで、憲法の規定をかえることを何というか。 | 憲法改正 |
| **3**<br>□□□ | 一般法律の改正手続きよりも、改正要件のきびしい憲法を何というか。 | 硬性憲法 |
| **4**<br>□□□ | 特別な改正手続きを必要とせず、一般法律と同じ手続きで改正できる憲法を何というか。 | 軟性憲法 |
| **5**<br>□□□ | <u>直接民主制</u>の制度として、投票によって直接賛否を反映させる制度を何というか。 | 国民投票(レファレンダム) |
| **6**<br>□□□ | 2007(平成19)年に成立した「日本国憲法の改正手続に関する法律」の通称を何というか。 | 国民投票法 |
| **7**<br>□□□ | 憲法調査会の後継機関として、2007(平成19)年に衆参両院に設置された、憲法の調査や憲法改正原案の審査などをする機関を何というか。 | 憲法審査会 |
| **8**<br>□□□ | <u>日本国憲法の三大原則</u>の1つで、前文と第9条に規定されている原則を何というか。 | 平和主義 |
| **9**<br>□□□ | 日本国憲法の三大原則の1つである<u>平和主義</u>を具体化した条文は第何条か。 | 第9条 |

| | |
|---|---|
| ★★★★★★★★★★★ 10 □□□ 日本国憲法第9条1項で規定されていることを何というか。 | 戦争の放棄 |
| ★★★★★★★★★★☆ 11 □□□ 憲法第9条2項をめぐり、1972(昭和47)年の田中内閣は、自衛隊は憲法が保持を禁じている「戦力」ではなく、どのようなものであると表現したか。 | 自衛のための必要最小限度の実力 |
| ★★★★★★★★★★★ 12 □□□ 日本国憲法は第9条2項で、「国の交戦権は、これを認めない」と定めているが、このことを何というか。 | 交戦権の否認 |
| ★★★★★★★★☆☆☆☆ 13 □□□ 対外的な戦闘をおこなうための人的・物的能力を何というか。 | 戦力(軍事力) |
| ★★★★★★★★★★★ 14 □□□ 日本国憲法第9条2項は戦力そのものをもたないとしているが、このことを何というか。 | 戦力の不保持 |
| ★★★★★★★★★★☆ 15 □□□ 自国への外部からの侵攻に対して、自国を防衛するために、実力を行使する国家の権利を何というか。 | 個別的自衛権 |
| ★★★★★★★★★★★ 16 □□□ 自国と密接な関係をもつ外国に対する攻撃に対して、実力で共同防衛する権利を何というか。 | 集団的自衛権 |
| ★★★★★★★★★☆☆ 17 □□□ 相手から武力攻撃を受けた時、はじめて軍事力(防衛力)を行使するという日本政府の防衛方針を何というか。 | 専守防衛 |
| ★★★★★★★★☆☆☆☆ 18 □□□ 2013(平成25)年に設置された、国家の国防問題・安全保障政策などを審議・立案する機関を何というか。 | 国家安全保障会議(NSC) |
| ★★★★★★★★★★☆ 19 □□□ 1950(昭和25)年、朝鮮戦争の勃発により、国内の治安維持を目的に設置された組織を何というか。 | 警察予備隊 |
| ★★★★★★★★★★☆ 20 □□□ 1952(昭和27)年、警察予備隊を改編して新たに創設された武装部隊を何というか。 | 保安隊 |
| ★★★★★★★★★★★ 21 □□□ 日本の防衛をおもな任務として、1954(昭和29)年に発足した実力部隊を何というか。 | 自衛隊 |
| ★★★★★★★★★★★ 22 □□□ 民主主義国家における、軍事に対する政治の支配・統制の原則を何というか。 | 文民統制(シビリアン・コントロール) |
| ★★★★★★★★★★★ 23 □□□ 職業軍人でない者を何というか。 | 文民 |
| ★★★☆☆☆☆☆☆☆☆☆ 24 □□□ 自衛隊を管理・運営する中央行政機関を何というか。 | 防衛省 |

★★★★★★★★★★★★★

**25** □□□ 1976(昭和51)年に三木内閣が閣議決定した、各年度の防衛関係予算に対する条件を何というか。

防衛予算の対GNP比1％枠

★★★★★★★★★★★★★

**26** □□□ 1967(昭和42)年、札幌地裁が判決した自衛隊の合憲・違憲が中心論点とされた訴訟を何というか。

恵庭事件

★★★★★★

**27** □□□ 茨城県にある航空自衛隊の基地建設予定地の土地所有をめぐる訴訟を何というか。最高裁は憲法判断を回避した。

百里基地訴訟

★★★★★★★★★★★★

**28** □□□ 北海道に自衛隊の基地を建設することをめぐる訴訟で、第一審で自衛隊は戦力にあたるとする違憲判決(福島判決)が出された訴訟を何というか。

長沼ナイキ基地訴訟

★★★★★★★★★★★★★

**29** □□□ 1951(昭和26)年、サンフランシスコ平和条約と同時にアメリカと締結した条約を何というか。

日米安全保障条約

★★★★★★★★★★★★★

**30** □□□ 1960(昭和35)年に改定された日米安全保障条約にもとづく、日本駐留アメリカ軍の配備を規律する条件に関する協定を何というか。

日米地位協定

★★★★★★★★★★★★★

**31** □□□ 在日米軍駐留経費の日本側の負担を何というか。

思いやり予算

★★★★★★

**32** □□□ 沖縄県宜野湾市にあるアメリカ軍海兵隊の基地内の飛行場を何というか。

普天間飛行場

★★★★★★★★★★★★

**33** □□□ 1957(昭和32)年、アメリカ軍の立川基地拡張をめぐる訴訟を何というか。第一審は駐留アメリカ軍について違憲判決が出されたが最高裁は統治行為論で憲法判断を回避した。

砂川事件

★★★★★★★★★★★★★

**34** □□□ きわめて高度な政治性をもつ国の行為については、裁判所の司法審査の対象にならない考えを何というか。

統治行為論

★★★★★★★★★★★

**35** □□□ 1978(昭和53)年に、日米で合意された有事の際の指針のことを何というか。

日米防衛協力のための指針(ガイドライン)

★★★★★★★★★★★★

**36** □□□ 1997(平成9)年9月、旧ガイドラインの全面的見直しがおこなわれ、新たに締結された指針を何というか。

新ガイドライン

| 37 □□□ | 新ガイドラインにもとづき1999（平成11）年5月に成立した、日本周辺地域で武力紛争が発生した場合を想定した法律を何というか。 | 周辺事態法 |
|---|---|---|
| 38 □□□ | <u>周辺事態法</u>を改正し、2016（平成28）年に成立した法律を何というか。 | 重要影響事態法 |
| 39 □□□ | 1992（平成4）年に成立した国際連合の平和維持活動に協力するための法律を何というか。 | PKO（国連平和維持活動）協力法 |
| 40 □□□ | 2001年9月11日におきた「米国同時多発テロ」を受けて成立したテロに対する活動を規定した法律を何というか。 | テロ対策特別措置法 |
| 41 □□□ | 2009（平成21）年、ソマリア沖周辺の海域で多発していた海賊に対応するための法律を何というか。 | 海賊対処法 |
| 42 □□□ | 戦争や事変など、平常とかわった事件がおきることを何というか。 | 有事 |
| 43 □□□ | 戦時に適用され、軍隊の行動を優先するため、私権を制限する内容を含む法制を何というか。 | 有事法制 |
| 44 □□□ | 2003（平成15）年に施行された、日本が他国から武力攻撃を受けた際の対処方法を定めた法律を何というか。 | 武力攻撃事態法 |
| 45 □□□ | 2004（平成16）年に成立した、有事の際に国民の生命などを守る手続などを定めた法律を何というか。 | 国民保護法 |
| 46 □□□ | 2015（平成27）年に成立した、平和安全法制について10の現行法の一括改正および新法の制定に関する法律を何というか。 | 安全保障関連法 |
| 47 □□□ | 2015（平成27）年に成立した、国際平和が脅かされた際の日本の活動を規定した法律を何というか。 | 国際平和支援法 |
| 48 □□□ | 2003（平成15）年7月に成立したイラク戦争後のイラクでの日本の活動を規定した法律を何というか。 | イラク復興支援特別措置法 |
| 49 □□□ | 日本が限定的に集団的自衛権を行使できる要件の1つとして、2015（平成27）年に成立した安全保障関連法に示された定義を何というか。 | 存立危機事態 |
| 50 □□□ | 1967（昭和42）年に佐藤首相が衆議院決算委員会で表明し | 武器輸出三原則 |

た、武器輸出を認めないという原則を何というか。

★★★★★★★★☆☆☆☆☆

**51** □□□ 「武器輸出三原則」にかわり、条件つきで武器輸出を可能とする、2014(平成26)年に示された原則を何というか。 | 防衛装備移転三原則

★★★★★★★★★★☆☆

**52** □□□ 1951(昭和26)年に調印された対日講和条約を何というか。 | サンフランシスコ平和条約

★★★★★★★★★★★☆

**53** □□□ 1956(昭和31)年に鳩山首相が、モスクワで日ソ国交回復のために調印した宣言を何というか。 | 日ソ共同宣言

★★★★☆☆☆☆☆☆☆☆

**54** □□□ 1972(昭和47)年に日本政府と中華人民共和国政府とのあいだで発表された共同声明を何というか。 | 日中共同声明

★★★★★★★★★★☆☆

**55** □□□ 日本が世界で唯一の被爆国として掲げた、核兵器に対する原則を何というか。 | 非核三原則

★★★★★★★★☆☆☆☆

**56** □□□ 核兵器をもたない国が、大国の抑止力に依存している状況を何というか。 | 「核の傘」

★★★★★★★★☆☆☆☆

**57** □□□ 国際社会の一員として、日本がその義務を果たしていくということを何というか。 | 国際貢献

## ■平等権

★★★★★★★★★☆☆☆

**1** □□□ 様々な差別を排除し、政治的・経済的または社会的関係において、差別されない権利を何というか。 | 平等権

★★★★★★★★★★★★

**2** □□□ 日本国憲法第14条が定める、すべての国民が人種・信条・性別などで差別されないという権利を何というか。 | 法の下の平等

★★★★★★★★★★★☆

**3** □□□ 日本国憲法第14条および第44条に示されている、社会生活上の一定の地位や序列を表す言葉を何というか。 | 社会的身分

★★★★★★★★★☆☆☆

**4** □□□ 華族などの封建的・特権的な身分・家柄のことを何というか。 | 門地

★★★★★★★★★★☆☆

**5** □□□ 権力による民衆の分断・支配のために、近世から近代にかけてつくられた差別を何というか。 | 部落差別

★★★★☆☆☆☆☆☆☆☆

**6** □□□ 1922(大正11)年に被差別部落民の解放を目的としてつくられた運動組織を何というか。 | 全国水平社

★★★★★★★★★★★★
**7**
□□□ 1969（昭和44）年に出された<u>部落差別</u>の解消に関する政府審議会の答申を何というか。

同和対策審議会答申

★★★★★★★★★★★★★
**8**
□□□ 女性であるがゆえに受ける差別のことを何というか。

女性差別

★★★★★★★★★★★★
**9**
□□□ 性別により生き方や考え方を押しつけられることはないということを何というか。

両性の本質的平等

★★★★★★★★★★★★
**10**
□□□ 男女両性が、社会的扱いにおいて等しいことを何というか。

男女平等

★★★★★★★★★★★★★
**11**
□□□ 1997（平成9）年5月に制定された、アイヌ民族に関する法律を何というか。

アイヌ文化振興法

★★★★★★★★★★★★★
**12**
□□□ 2019（令和元）年4月に成立した、アイヌが先住民族であることがはじめて明記された法律を何というか。

アイヌ民族支援法（アイヌ新法）

★★★★★★★★★★★★
**13**
□□□ 身体または精神に障がいがあるため、障がい者を劣等視・無能力視する偏見や差別のことを何というか。

障がい者差別

★★★★★★★★★★★★
**14**
□□□ 有権者数と議員定数の比率が選挙区ごとに異なり、一票の重みに差があることを何というか。

一票の格差

★★★★★★★★★★★
**15**
□□□ 議員一人当たりの選挙人数の格差が、法の下の平等に反するとしておこされ、違憲とされた判決を何というか。

議員定数不均衡違憲判決

★★★★★★★★★★★
**16**
□□□ 尊属を殺害した際に適用される刑が、「法の下の平等」に反するとして、最高裁が違憲とした判決を何というか。

尊属殺重罰規定違憲判決

★★
**17**
□□□ 1984（昭和59）年に改正で父母両方の血統になった法律を何というか。

国籍法

★★★★
**18**
□□□ 2013（平成25）年に最高裁が、婚外子と嫡出子の相続における差別的取扱いは法の下の平等に反し違憲とした事件を何というか。

非嫡出子相続分差別事件

★★★★★★
**19**
□□□ 2015（平成27）年、最高裁が「女性の再婚禁止期間の100日を超える部分」は違憲とした訴訟を何というか。

女性再婚禁止期間規定訴訟

★★★★★★★★
**20**
□□□ 結婚後も、夫婦がたがいに結婚前の姓（苗字）を称することを何というか。

夫婦別姓

★★★★★★★★★★★★
**21**
□□□ 特定の人種や民族への憎しみをあおるような差別的言動をすることを何というか。

ヘイトスピーチ

★★★☆☆☆☆☆☆☆☆☆☆
**22**
□□□ <u>ヘイトスピーチ</u>の解消に取り組むことを求めた法律を何というか。 | ヘイトスピーチ解消法

## ■自由権

★★★★★★★★★★★★★★
**1**
□□□ 国家権力の介入や干渉により、個人の自由や権利を侵害されない権利を何というか。 | 自由権（自由権的基本権）

★★★★★★★★★☆☆☆☆☆
**2**
□□□ 個人の行動、とりわけ経済活動に対して国家が規制をかけないことを何というか。 | 国家からの自由

★★★★★★★★★★★★★★
**3**
□□□ 外部に表現されない内心の自由を何というか。 | 精神の自由（精神的自由権）

★★★★★★★★★★★★☆☆
**4**
□□□ 日本国憲法第19条で保障された、内心の自由のことを何というか。 | 思想・良心の自由

★★★★★★★☆☆☆☆☆☆☆
**5**
□□□ 憲法第19条に関する最高裁判決で、企業側に採用の自由があるとした訴訟を何というか。 | 三菱樹脂訴訟

★★★★★★★★★☆☆☆☆☆
**6**
□□□ 公の秩序と善良な風俗を何というか。 | 公序良俗

★★★★★★★★★★★★★★
**7**
□□□ 日本国憲法第20条で保障されている、宗教活動に関する自由を何というか。 | 信教の自由

★★★★★★★★★☆☆☆☆☆
**8**
□□□ 明治時代以降、政府によって天皇制を護持するために推進された宗教思想を何というか。 | 国家神道

★★★★★★★★★★★★★★
**9**
□□□ 国家の非宗教性、宗教的中立の原則を何というか。 | 政教分離〔の原則〕

★★★★★★★★★★★☆☆☆
**10**
□□□ 地鎮祭が宗教的活動なのかをめぐり、最高裁が<u>目的効果基準</u>から合憲の判断を示した訴訟を何というか。 | 津地鎮祭訴訟

★★★★★★★★★☆☆☆☆☆
**11**
□□□ <u>国家神道</u>の中心的な神社として位置づけられていた東京都千代田区九段北にある神社を何というか。 | 靖国神社

★★★★★★★★★★★★☆☆
**12**
□□□ 愛媛県による公費の支出は<u>政教分離</u>の原則に違反するとしておこされ、最高裁によって違憲判決が出された訴訟を何というか。 | 愛媛玉ぐし料訴訟

★★★★☆☆☆☆☆☆☆☆☆☆
**13**
□□□ 北海道砂川市が市有地を市内の神社に無償提供してきた行為について、違憲判決が出された訴訟を何というか。 | 空知太神社訴訟

| | | |
|---|---|---|
| ★★★★★★★★★★★★<br>**14** □□□ | 個人が外部に自己の思想・主張・意思・感情などを表す自由を何というか。 | 表現の自由 |
| ★★★★★★★・・・・・・<br>**15** □□□ | 多数人が共同の目的をもって一時的に一定の場所に集まる自由などを何というか。 | 集会・結社・表現の自由 |
| ★★★★★★★・・・・・・<br>**16** □□□ | 公権力が著作物などの内容や表現を、発表前に強制的に審査し、不適当なもの発表を禁止することを何というか。 | 検閲 |
| ★★★★★★★★★★★★<br>**17** □□□ | 日本国憲法第23条で保障されている、研究の自由・研究成果を発表する自由などを何というか。 | 学問の自由 |
| ★★★★★★★★★★★★<br>**18** □□□ | 日本国憲法第18条で保障された、何人もいかなる<u>奴隷的拘束</u>も受けない自由を何というか。 | 身体の自由（人身の自由） |
| ★★★★★★★★★・・・<br>**19** □□□ | 人格を無視するような身体の拘束、肉体的・精神的な苦痛をともなう労役（苦役）からの自由を何というか。 | 奴隷的拘束及び苦役からの自由 |
| ★★★★★★★★★★★★<br>**20** □□□ | 法律による適正な手続きによらなければ、生命や自由を奪われたり、刑罰を科せられたりしないことを何というか。 | 法定手続きの保障（適法手続の保障） |
| ★★★★★★★・・・・・・<br>**21** □□□ | 警察などの捜査機関が、被疑者の身体的自由を拘束することを何というか。 | 逮捕 |
| ★★・・・・・・・・・・・<br>**22** □□□ | 犯罪をおこなっているところ、またはおこない終わった際にみつけられた犯罪、またはその犯人を何というか。 | 現行犯 |
| ★★★★・・・・・・・・<br>**23** □□□ | 比較的短い期間にわたる身体の自由の拘束を何というか。 | 抑留 |
| ★★★★・・・・・・・・<br>**24** □□□ | 比較的長い期間にわたる身体の自由の拘束を何というか。 | 拘禁 |
| ★★★★★★★★★★・・<br>**25** □□□ | 刑事事件で、犯罪をおかした疑いを受けた者で、まだ<u>起訴</u>されていない者を何というか。 | 被疑者 |
| ★★★★★★★★★★★★<br>**26** □□□ | 罪と刑罰はあらかじめ法律によって定められていなければならないという原則を何というか。 | 罪刑法定主義 |
| ★★★★★★★★★★★・<br>**27** □□□ | 刑事裁判で、有罪と確定されるまでは、被疑者・<u>被告人</u>は<u>無罪の推定</u>を受けるという原則を何というか。 | 「疑わしきは被告人の利益に」 |
| ★★★★★★★★★★★★<br>**28** □□□ | 捜査機関が犯罪の被疑者を逮捕・勾留する場合は、裁判官の発した<u>令状</u>が必要であるという原則を何というか。 | 令状主義 |

| | | |
|---|---|---|
| ★★★★★★★★★☆☆☆☆ | | |
| 29 | 裁判官・検察官・警察官が、強制的に家宅・身体・物件などについて探すことを何というか。 | 捜索 |
| ★★★★☆☆☆☆☆☆☆☆☆ | | |
| 30 | 各警察本部・警察署に付属し、逮捕された被疑者を留置する施設を何というか。 | 留置場（代用刑事施設） |
| ★★★★★☆☆☆☆☆☆☆☆ | | |
| 31 | 冤罪など防ぐため捜査機関による取調べを録音・録画することを何というか。 | 取調べの可視化 |
| ★★★★☆☆☆☆☆☆☆☆☆ | | |
| 32 | 刑事手続において被疑者や被告人が、他人の犯罪事実を検察官に証言することで、被疑者や被告人と検察官のあいだで自身の処分上の利益を得ることを何というか。 | 司法取引（司法合意）制度 |
| ★★★★☆☆☆☆☆☆☆☆☆ | | |
| 33 | 自己に不利益なことを申し述べることを何というか。 | 自白 |
| ★★★★★★★☆☆☆☆☆☆ | | |
| 34 | 日本国憲法第38条の自己の刑事責任に関わる不利益な供述を、強要されない権利を何というか。 | 黙秘権 |
| ★★★★★☆☆☆☆☆☆☆☆ | | |
| 35 | 日本国憲法第22条の職業選択の自由などを何というか。 | 経済的自由 |
| ★★★★★★★★☆☆☆☆☆ | | |
| 36 | 日本国憲法第22条で保障している、人民を土地に縛りつけていた関係から解放する権利を何というか。 | 居住・移転の自由 |
| ★★★★★★★★★☆☆☆☆ | | |
| 37 | 自分の職業をみずから選択し、継続する自由を何というか。 | 職業選択の自由 |
| ★★★★★☆☆☆☆☆☆☆☆ | | |
| 38 | 薬局の適正配置規制（距離制限）が、憲法第22条に違反しているか否かが争われ、最高裁で違憲とされた判決を何というか。 | 薬事法違憲判決 |
| ★★★★★★★☆☆☆☆☆☆ | | |
| 39 | 日本国憲法第29条で保障された、個人の財産権が公権力によって侵害されないことを何というか。 | 財産権の保障 |
| ★★★★★☆☆☆☆☆☆☆☆ | | |
| 40 | 森林の共有者による森林の分割請求を制限する法律に関して最高裁で違憲判決が出された訴訟を何というか。 | 森林法訴訟 |
| ★★★★★★★★★☆☆☆☆ | | |
| 41 | 知的な創意工夫によってつくり出された、無形の経済的価値に対する権利を何というか。 | 知的財産権 |
| ★★★★★★★☆☆☆☆☆☆ | | |
| 42 | 著作物やそのコピー（複製）・実演・放送などに関連する著作者の権利を何というか。 | 著作権 |
| ★★★★☆☆☆☆☆☆☆☆☆ | | |
| 43 | 特定の目的に対する高度な発明を、その発明を公開する見返りとして法的に保護される権利を何というか。 | 特許権 |

| ★★☆☆☆☆☆☆☆☆☆☆ | | |
|---|---|---|
| **44** □□□ | 形・模様・色など、デザインに関する知的財産権のことを何というか。 | 意匠権 |
| ★★☆☆☆☆☆☆☆☆☆☆ | | |
| **45** □□□ | 芸能人などの有名人が自分の肖像や氏名などを独占的に使用する権利を何というか。 | パブリシティ権 |
| ★★☆☆☆☆☆☆☆☆☆☆ | | |
| **46** □□□ | 裁判所が自由権を規制する法律について違憲かどうかを審査する時、経済活動の自由に比べ精神の自由についてより厳格に審査するという基準を何というか。 | 二重の基準 |

## ■社会権

| ★★★★★★★★★★★★ | | |
|---|---|---|
| **1** □□□ | 1919年、ドイツで制定された、社会権の思想を歴史上はじめて盛り込んだ法律を何というか。 | ワイマール憲法 |
| ★★★★★★★★★★★★ | | |
| **2** □□□ | 国家の積極的な介入により、実質的な人間らしい生活を保障した権利を何というか。 | 社会権 |
| ★★★★★★☆☆☆☆☆☆ | | |
| **3** □□□ | <u>社会権</u>とは、国民が人間らしい生活ができるよう、国家に施策を求める権利であるが、これを何と表現するか。 | 国家による自由 |
| ★★★★★★★★★★★★ | | |
| **4** □□□ | 人たるに値する生活を営むための諸条件の確保を、国家に要求する権利を何というか。 | 生存権 |
| ★★★★★★★★★★★★ | | |
| **5** □□□ | 憲法第25条1項は「直接個々の国民に対して具体的権利を賦与したものではない」という考え方を何というか。 | プログラム規定説 |
| ★★★★★★★★★★★★ | | |
| **6** □□□ | 1957〜67(昭和32〜42)年にかけて、<u>生存権</u>をめぐりおこされた訴訟を何というか。 | 朝日訴訟 |
| ★★★★★★★★★☆☆☆ | | |
| **7** □□□ | 障害福祉年金と児童扶養手当の併給を禁止した児童扶養手当法の規定は、憲法第25条に違反するとしておこされた訴訟(最高裁で合憲判決)を何というか。 | 堀木訴訟 |
| ★★★★★★★★★★★★ | | |
| **8** □□□ | 日本国憲法第26条に規定されている権利を何というか。 | 教育を受ける権利 |
| ★★★★★★★★★★★★ | | |
| **9** □□□ | 小学校・中学校9年間の普通教育に関しては、無償とする規定を何というか。 | 義務教育の無償 |
| ★★★★★★☆☆☆☆☆☆ | | |
| **10** □□□ | 1947(昭和22)年に制定された、教育の基本的あり方を定めた法律を何というか。 | 教育基本法 |

| | | |
|---|---|---|
| ★★★★★★★★★★★★★<br>**11**<br>□□□ | 日本国憲法第27条に規定されている労働に関する規定を何というか。 | 勤労権（勤労の権利） |

## ■参政権・請求権と国民の義務

| | | |
|---|---|---|
| ★★★★★★★★★★★★★<br>**1**<br>□□□ | 国民主権の原理にもとづき、国民が政治に参加する権利を何というか。 | 参政権 |
| ★★★★★★★★★★★★★<br>**2**<br>□□□ | 国民が、国または地方公共団体に対して基本的人権の侵害を排除したり、損害の賠償を求めたりする権利を何というか。 | 請求権 |
| ★★★★★★★★★★★★★<br>**3**<br>□□□ | 日本国憲法第32条で保障されている権利で、自由・権利を守るために裁判所に救済を求める権利を何というか。 | 裁判を受ける権利 |
| ★★★★★★★★★★★★★<br>**4**<br>□□□ | 公務員の故意・過失による不法行為により損害を受けた者が、損害の賠償を請求できる権利を何というか。 | 国家賠償請求権 |
| ★★★★★★★★★★★★★<br>**5**<br>□□□ | 無罪の判決を受けた時、国の機関の故意・過失にかかわらず、国に補償を請求できる権利を何というか。 | 刑事補償請求権 |
| ★★★★★★★★★★★★★<br>**6**<br>□□□ | 日本国憲法第16条で保障された、国や地方公共団体に対して要望を表明する権利を何というか。 | 請願権 |
| ★★★★★★★★★★★★★<br>**7**<br>□□□ | 日本国憲法で規定された、国民の三大義務とは何か。 | 勤労の義務・納税の義務・教育を受けさせる義務 |

## ■新しい人権

| | | |
|---|---|---|
| ★★★★★★★★★★★★★<br>**1**<br>□□□ | 日本国憲法に具体的に規定されていないが、社会の変化により、新たに認められてきた権利の総称を何というか。 | 新しい人権 |
| ★★★★★★★★★★★★★<br>**2**<br>□□□ | 新しい人権の根拠の1つとされる、日本国憲法第13条で保障される権利を何というか。 | 幸福追求権 |
| ★★★★★★★★★★★★★<br>**3**<br>□□□ | 生命・身体、精神、生活に関する人格の尊厳を維持するために有する人格的諸利益の総称を何というか。 | 人格権 |
| ★★★★★★★★★★★★★<br>**4**<br>□□□ | マス・メディアを通じて自由に情報を受けとったり、国家に対して情報の提供を求めたりする権利を何というか。 | 知る権利 |

| | | |
|---|---|---|
| ★★★★★★★★★★★★<br>**5**<br>□□□ | 1999（平成11）年成立、2001（平成13）年4月施行の人々の<br>「知る権利」を保障した法律を何というか。 | 情報公開法 |
| ★★★★★★★★★★★☆☆<br>**6**<br>□□□ | 住民の知る権利にこたえ、開かれた行政をめざして情報<br>公開を地方公共団体当局に義務づけた条例を何というか。 | 情報公開条例 |
| ★★★★★★★★★★★★<br>**7**<br>□□□ | 日本の安全保障に関する情報に対して、取扱者の適性評<br>価の実施や漏洩した際の罰則を定めた法律を何というか。 | 特定秘密保護法 |
| ★★★★★★★★★★★★<br>**8**<br>□□□ | 近年では「自己情報をコントロールする権利」として主張<br>されるようになった新しい人権を何というか。 | プライバシーの権利 |
| ★★★★★★★★★☆☆☆<br>**9**<br>□□□ | 元外務大臣が、三島由紀夫の小説は自分のプライバシー<br>を侵害するとして、裁判をおこした事件を何というか。 | 『宴のあと』事件 |
| ★★★★★★★☆☆☆☆☆<br>**10**<br>□□□ | 実在の韓国人女性をモデルとした柳美里の小説が、裁判<br>で出版差し止めの判決を受けた事件を何というか。 | 『石に泳ぐ魚』事件 |
| ★★★★★★★★★★★★<br>**11**<br>□□□ | 行政機関・民間企業・個人に対し、個人情報の適切な保<br>護・取扱いを義務づける法律を何というか。 | 個人情報保護法 |
| ★★★★★★★☆☆☆☆☆<br>**12**<br>□□□ | 過去の個人情報について、その情報を削除させることが<br>できるという権利を何というか。 | 忘れられる権利 |
| ★★★★☆☆☆☆☆☆☆☆<br>**13**<br>□□□ | 正式には「社会保障・税番号制度」という制度を何というか。 | マイナンバー制度 |
| ★★★★★★★★☆☆☆☆<br>**14**<br>□□□ | 言論の自由を確保するため、一般大衆がマス・メディア<br>を利用して自己の意見を表明する権利を何というか。 | アクセス権 |
| ★★★★★★★★★★☆☆<br>**15**<br>□□□ | 「よい環境を享受し、かつこれを支配する権利」を何とい<br>うか。 | 環境権 |
| ★★★★★★★★★★☆☆<br>**16**<br>□□□ | 住民が航空機の夜間飛行差し止めを求めた訴訟で、最高<br>裁が人格権・環境権を認めなかった訴訟を何というか。 | 大阪空港公害訴訟 |

## ❼ 男女共同参画社会をめざして　　　用語集 p.96〜98

| | | |
|---|---|---|
| ★★★★★★★★☆☆☆☆<br>**1**<br>□□□ | 男女が対等に社会に参画し、たがいに尊重しあい、同じ<br>権利と責任をもつことのできるような社会を何というか。 | 男女共同参画社会 |
| ★★★★★★★★★★★☆<br>**2**<br>□□□ | 男女共同参画社会を実現するために、1999（平成11）年6<br>月に施行された法律を何というか。 | 男女共同参画社会基<br>本法 |

★★★★★★★★★☆☆☆☆
**3**
☐☐☐ 女性・黒人・マイノリティの機会均等のためにとられる<u>積極的差別是正措置</u>を何というか。

ポジティブ・アクション（アファーマティブ・アクション）

★★★★★★★☆☆☆☆☆
**4**
☐☐☐ たとえば議員候補者の一定割合を女性とするなど、社会における機会均等を実現するための制度を何というか。

クオータ制（割当制）

★★★★★★★★★☆☆☆
**5**
☐☐☐ 社会的・歴史的な条件のもとでつくられてきた性役割によって生み出される性差を何というか。

ジェンダー

★★★☆☆☆☆☆☆☆☆☆
**6**
☐☐☐ 直接差別と異なり、表面上は男女差別となっていないが、結果として女性差別となるような差別を何というか。

間接差別

★★★★★★★★★★★☆
**7**
☐☐☐ 1986（昭和61）年4月に施行された、雇用における男女の機会均等と待遇の平等などを目的に制定された法律を何というか。

男女雇用機会均等法

★★★★★★★★★★☆☆
**8**
☐☐☐ 性的嫌がらせという意味で、職場で女性の人権を侵害することを何というか。

セクシャル・ハラスメント

★★★★☆☆☆☆☆☆☆☆
**9**
☐☐☐ 女性が妊娠や出産を理由に、職場で受けたりする精神的・肉体的な嫌がらせを何というか。

マタニティ・ハラスメント

第1章 **法的な主体となるわたしたち**

## ❶ 法や規範の意義と役割

用語集 p.100〜102

| | | |
|---|---|---|
| 1 | 社会規範の一種で、社会の構成員に対し権利を保障し、行動の基準を強制力をもって明示するものを何というか。 | 法 |
| 2 | 国民の代表で組織された議会で制定された法に、統治者・政府は従わなければならないとする原則を何というか。 | 法の支配 |
| 3 | イギリスの法学者ブラクトンが、王権もイギリスの慣習法には従わなければならないことを述べた言葉は何か。 | 「国王といえども神と法の下にある」 |
| 4 | 正統な手続きによる法ではなく、権力者の恣意またはそれにもとづく決まりによる支配のことを何というか。 | 人の支配 |
| 5 | 国家権力の行使は、すべて法にもとづいておこなわなければならないとする考え方を何というか。 | 法治主義 |
| 6 | 自然法ではなく、人間が定立した法で、制定法・慣習法・判例などを総称して何というか。 | 実定法 |
| 7 | 実定法のうち、法として成文化されず、しかし人々のあいだで拘束力をもつものを何というか。 | 慣習法 |
| 8 | 明文化された法で、立法機関によって、一定の手続きのもとに制定される法律を何というか。 | 成文法(制定法) |
| 9 | 文章化されていないが、慣習や判例によって法規範として認められた法を何というか。 | 不文法 |
| 10 | 国家の基本を定める法で、国民の人権を明記し、これを権力を行使できる立場にある者が遵守しなければならないことを示す、国の最高法規を何というか。 | 憲法 |
| 11 | 議会の議決を経て制定される成文法を何というか。 | 法律 |
| 12 | 法・慣習・道徳など社会秩序の維持に欠かせないもので、社会生活を律する基準を何というか。 | 社会規範 |
| 13 | 憲法にもとづく政治をおこない、議会で制定された憲法 | 立憲主義 |

によって権力に制約を与えるという考え方とは何か。

★★★★★★★★★★★☆☆
**14** □□□ 憲法・刑法・行政法・刑事訴訟法・民事訴訟法など、国家と私人の関係を規律する法を総称して何というか。

公法

★★★★★★★★★★★☆☆
**15** □□□ 民法・商法など、私人間の関係を規律する法を総称して何というか。

私法

★★★★★★★★☆☆☆☆
**16** □□□ 労働基準法・生活保護法など、社会的・経済的弱者に対する権利保障を規定する法を総称して何というか。

社会法

★★★☆☆☆☆☆☆☆☆☆
**17** □□□ 私法の三大原則の1つで、すべての人が、差別されることなく、等しく権利義務の主体となる能力を有するという原則を何というか。

権利能力平等の原則

★★★★★★★★☆☆☆☆
**18** □□□ 私法の三大原則の1つで、契約など私人間の法律関係は当事者の自由な意思にもとづいて決定されるべきで、国家は干渉しないという原則を何というか。

私的自治の原則

★★★★★★★☆☆☆☆☆
**19** □□□ 私法の三大原則の1つで、自分の所有物を自由に使用・収益・処分などができるという原則を何というか。

所有権絶対の原則

★★★★★★☆☆☆☆☆☆
**20** □□□ 他人に損害を与えても、故意か過失がない限り、損害賠償を負わないとする原則を何というか。

過失責任の原則

★★★★★★★★★★★★
**21** □□□ 一定の法律行為や契約行為を、国家の干渉を受けることなく個人がおこなうことができるという原則を何というか。

契約自由の原則

★★★★★★★★★★★★
**22** □□□ 私人間の権利・義務や家族間の関係を規定する法を何というか。

民法

★★★★★★☆☆☆☆☆☆
**23** □□□ 憲法・民法・商法・刑法・民事訴訟法・刑事訴訟法という、日本における6つの主要な法を総称して何というか。

六法

★★★★★★★★★★★★
**24** □□□ 企業を対象とし、その活動全般に関して規制する法律を総称して何というか。

商法

★★★★★★★★★☆☆☆
**25** □□□ 過去に裁判所がくだした判決の例で、同種の裁判の時に先例とされるものとは何か。

判例

## ② 契約と消費者の権利・責任
用語集 p.103〜108

★★★★★★★★★★★☆
**1** □□□ 2人以上の当事者が商品やサービスの売買や雇用関係な

契約

| | | |
|---|---|---|
| | どにおける合意をすることで、法的な権利義務関係が発生する行為を何というか。 | |
| ★★★★★★★★★☆☆☆☆<br>**2**<br>□□□ | 販売組織の会員になり、自分の下に販売員を増やすことで高率の利益が得られるとする問題商法を何というか。 | マルチ商法 |
| ★★★★★★★★★★☆☆☆<br>**3**<br>□□□ | 駅前や繁華街などで声をかけ、喫茶店や事務所などに連れて行き、高額な契約をさせる商法を何というか。 | キャッチセールス |
| ★★★★★★★★★★☆☆☆<br>**4**<br>□□□ | 契約を結んだ後でも、一定期間内であれば書面などによって契約の申し込みを撤回できるという制度を何というか。 | クーリング・オフ〔制度〕 |
| ★★★★☆☆☆☆☆☆☆☆☆<br>**5**<br>□□□ | クレジットカード、プリペイドカードや電子決済などにより現金を使わない社会を何というか。 | キャッシュレス社会 |
| ★★★★★★★★☆☆☆☆<br>**6**<br>□□□ | 提示をすれば現金を支払うことなく決済をすることができる、信用販売で用いられるカードを何というか。 | クレジットカード |
| ★★★★★★★★★☆☆☆☆<br>**7**<br>□□□ | 特定の人に対して、特定の行為や一定の給付を請求できる権利のことを何というか。 | 債権 |
| ★★★★★★★★★☆☆☆☆<br>**8**<br>□□□ | 特定の人に対して、特定の行為や一定の給付をしなければならないという義務のことを何というか。 | 債務 |
| ★★★★☆☆☆☆☆☆☆☆☆<br>**9**<br>□□□ | 破産法にもとづき、債務者自身が裁判所に破産の申し立てをおこない破産宣告を受けることを何というか。 | 自己破産 |
| ★★★★★★★★★★☆☆☆<br>**10**<br>□□□ | クーリング・オフや中途解約権を認め、広告規制、不適正な勧誘行為の禁止などを定めている法律を何というか。 | 特定商取引法 |
| ★★★★★★★★★★★★★<br>**11**<br>□□□ | 個人的な消費を目的として、商品やサービスを購買・入手するすべての個人および世帯を何というか。 | 消費者 |
| ★★★★★★★★★☆☆☆☆<br>**12**<br>□□□ | 消費者が生産など経済活動の成果についての決定権をもっている、とする考え方を何というか。 | 消費者主権 |
| ★★★★★★☆☆☆☆☆☆☆<br>**13**<br>□□□ | 消費者が社会的課題の解決を考慮し、課題に取り組む事業者を応援しながら消費活動をおこなうことを何というか。 | エシカル消費 |
| ★★★★★★★★★☆☆☆☆<br>**14**<br>□□□ | 消費者の安全の権利・知られる権利・選択する権利・意見を聞き届けられる権利を総称して何というか。 | 消費者の4つの権利 |

| | | |
|---|---|---|
| ★★★★★★★★★★☆☆☆ | 15 □□□ 2009（平成21）年に<u>消費者行政</u>の一元化・一本化を進めるために内閣府の外局として設置された中央省庁を何というか。 | 消費者庁 |
| ★★★★★★★★★☆☆☆☆ | 16 □□□ 1968（昭和43）年に消費者保護の立場から制定され、2004（平成16）年に改正された法律を何というか。 | 消費者保護基本法 |
| ★★★★★★★★★★★☆☆ | 17 □□□ 消費者の権利を明確にし、消費者を「権利をもつ自立した立場」として位置づけた2004（平成16）年成立の法律を何というか。 | 消費者基本法 |
| ★★★★★★★★★★★☆☆ | 18 □□□ 消費問題について情報提供をし、消費者紛争について法による解決の手続を実施する国の機関を何というか。 | 国民生活センター |
| ★★★★★★★★★★★☆☆ | 19 □□□ 都道府県・市町村におかれ、<u>国民生活センター</u>と連携し、相談受付や消費者への情報提供をおこなう機関を何というか。 | 消費生活センター |
| ★★★★★★★★★★★☆☆ | 20 □□□ 消費者が事業者の不適切な行為により結んだ契約を取り消すことができることを明記する法律を何というか。 | 消費者契約法 |
| ★★★☆☆☆☆☆☆☆☆☆☆ | 21 □□□ 消費者団体が消費者にかわり、事業者の不当な行為について裁判で請求する制度を何というか。 | 消費者団体訴訟制度 |
| ★★★★★★☆☆☆☆☆☆☆ | 22 □□□ 製品の流通経路を、生産から最終消費、さらに廃棄の段階まで追跡が可能な状態のことを何というか。 | トレーサビリティ |
| ★★★★★★★★★★☆☆☆ | 23 □□□ 製造物の欠陥により、利用者の生命・身体または財産に被害が生じた場合、製造者に過失が無くても損害賠償責任を負わせることを定めた法律を何というか。 | 製造物責任法（PL法） |
| ★★★★★★★★☆☆☆☆☆ | 24 □□□ 故意・過失の有無にかかわらず、損害が発生すればその賠償の責任を負うことを何というか。 | 無過失責任 |

## ❸ 国民の司法参加

用語集 p.109〜114

| | | |
|---|---|---|
| ★★★★★★★★★★★★ | 1 □□□ すべての<u>司法権</u>を行使する国家機関を何というか。日本では、日本国憲法第76条で規定されている。 | 裁判所 |
| ★★★★★★★★★★★★ | 2 □□□ 憲法に定められた日本の司法権の最高機関であり、法令審査権をもつ<u>終審裁判所</u>を何というか。 | 最高裁判所 |

| | | |
|---|---|---|
| ★★★★★★★★★★☆☆ 3 ☐☐☐ | 憲法判断の終審裁判所である<u>最高裁判所</u>を指して、別に何と呼ぶか。 | 憲法の番人 |
| ★★★☆ 4 ☐☐☐ | 最高裁判所が、訴訟に関する手続きなどに関する事項について規則を定めることができる権限を何というか。 | 最高裁判所の規則制定権 |
| ★★★★★★★★☆☆☆ 5 ☐☐☐ | 最高裁判所以外の<u>高等裁判所・地方裁判所・家庭裁判所・簡易裁判所</u>の4種を総称して何と呼ぶか。 | 下級裁判所 |
| ★★★★★★★★★★★★ 6 ☐☐☐ | <u>下級裁判所</u>のなかで、最上位の裁判所で、おもに控訴・抗告および上告の裁判をおこなう裁判所を何というか。 | 高等裁判所 |
| ★★★★★★★★★☆☆☆ 7 ☐☐☐ | 著作権、産業財産権などの<u>知的財産権</u>に関する訴訟を専門に担当する裁判所を何というか。 | 知的財産高等裁判所 |
| ★★★★★★★★★★☆☆ 8 ☐☐☐ | 原則的に第一審となる裁判所を何というか。各都府県庁所在地に1カ所、北海道に4カ所設置されている。 | 地方裁判所 |
| ★★★★★★★★★★☆☆ 9 ☐☐☐ | 家庭事件の審判および調停、少年法で定める少年の保護事件・刑事事件の審判をおこなう裁判所を何というか。 | 家庭裁判所 |
| ★★★★★★★★★★★☆ 10 ☐☐☐ | 最下級の裁判所で、比較的少額軽微な事件を迅速に裁判する裁判所を何というか。 | 簡易裁判所 |
| ★★★★★★★★★☆☆☆ 11 ☐☐☐ | 特別の身分をもつ人や、特定の種類の事件について、終審として裁判をおこなう裁判機関を何というか。 | 特別裁判所 |
| ★★★★★★★★★★☆☆ 12 ☐☐☐ | 日本国憲法第76条で、最高裁判所および下級裁判所に属すると定められている権限を何というか。 | 司法権 |
| ★★★★★★★★★★☆☆ 13 ☐☐☐ | 司法権が立法権や行政権から分離・独立していることで、裁判官の独立がその条件となることを何というか。 | 司法権の独立 |
| ★★★★☆☆☆☆☆☆☆☆ 14 ☐☐☐ | 来日中のロシア皇太子が負傷した事件で、裁判で<u>児島惟謙</u>により司法権の独立が守られたという事件を何というか。 | 大津事件 |
| ★★★★★★★★★★★☆ 15 ☐☐☐ | <u>法曹三者</u>のうち、裁判所で裁判を担当する国家公務員を何というか。 | 裁判官 |
| ★★★★★★★★★★★☆ 16 ☐☐☐ | 憲法第76条で、「すべて裁判官は、その良心に従ひ独立してその職権を行ひ、この憲法及び法律にのみ拘束される」とあるが、これは何を規定しているのか。 | 裁判官の〔職権の〕独立 |

★★★★★★★★★★★
**17**
□□□ <u>衆議院議員総選挙</u>の際におこなわれる、最高裁判所裁判官についての信任を直接有権者に問う制度を何というか。 | 国民審査

★★★★★★★★★★☆
**18**
□□□ すべての裁判所がもつ、法律・<u>命令</u>・<u>規則</u>または処分が、憲法に適合するか否かを決定する権限を何というか。 | 違憲審査権

★★★★☆☆☆☆☆☆☆
**19**
□□□ <u>憲法裁判所型</u>など、違憲判断について具体的訴訟案件を前提としないでなされる制度を何というか。 | 抽象的違憲審査制

★★☆
**20**
□□□ 違憲判断について、通常の裁判所において、訴訟案件に関係したときに付随してなされる制度を何というか。 | 付随的違憲審査制

★★★★★★★★★★★
**21**
□□□ 裁判所が<u>違憲立法</u>（<u>法令</u>）審査権にもとづいて、ある法律・命令・規則または処分を憲法に適合しないと判断する判決を何というか。 | 違憲判決

★★★★★★★★★☆☆☆
**22**
□□□ <u>民事訴訟</u>（<u>民事裁判</u>）または行政事件訴訟において、裁判所に訴えをおこした側の当事者を何というか。 | 原告

★★★★★★★★★☆☆☆
**23**
□□□ 民事訴訟または行政事件訴訟において、裁判所に訴えをおこされた側の当事者を何というか。 | 被告

★★★★★★★★★★★
**24**
□□□ <u>刑事訴訟</u>（<u>刑事裁判</u>）において、<u>検察官</u>によって起訴された側の当事者を何というか。 | 被告人

★★★★★★★☆☆☆☆☆
**25**
□□□ 刑事訴訟において、原則として<u>弁護士</u>から選任される、被疑者・被告人の弁護をする者を何というか。 | 弁護人

★★★★★★★★★★★
**26**
□□□ 検察官が起訴した事件について、犯罪の有無、刑罰を科すことの当否を確定し、刑罰を定める裁判を何というか。 | 刑事裁判（刑事訴訟）

★★★★★★★★★☆☆☆
**27**
□□□ 刑事訴訟の手続きを定めている法律を何というか。 | 刑事訴訟法

★★★★☆☆☆☆☆☆☆
**28**
□□□ ある行為をした時に、あとから定めた法律でその行為を罰してはならないという原則を何というか。 | 遡及処罰の禁止

★★★★★☆☆☆☆☆☆
**29**
□□□ 同一の事件については、同じ罪状で再び裁判をしてはならないという原則を何というか。 | 一事不再理

★★★★★★★★★★★
**30**
□□□ 法務省管轄の<u>検察庁</u>に所属し、刑事事件において、捜査・公訴の提起などをおこなう者を何というか。 | 検察官

| | | | |
|---|---|---|---|
| ★★★★ | | | |
| **31** ☐☐☐ | 法律事務にたずさわる者のうち、裁判官・検察官・弁護士を総称して何というか。 | 法曹三者 | |
| ★★★★★★★★★★★★ | | | |
| **32** ☐☐☐ | 検察官が刑事事件について裁判所へ起訴状を提出して、裁判を求めることを何というか。 | 公訴 | |
| ★★★★★★★★★★★★★★ | | | |
| **33** ☐☐☐ | どのような行為が犯罪となり、どのような刑罰が科せられるかを定めた基本法典を何というか。 | 刑法 | |
| ★★★★★★★★★★★★★ | | | |
| **34** ☐☐☐ | 国民（有権者）が、検察官による<u>不起訴処分</u>が適当であったかを審査し、<u>起訴議決</u>の権限ももつ機関を何というか。 | 検察審査会 | |
| ★★★★★★★★★★ | | | |
| **35** ☐☐☐ | 私人間（し じんかん）の利害の衝突・紛争に関する民事事件を解決・調整するための裁判を何というか。 | 民事裁判（民事訴訟） | |
| ★★★★★★★★★★★★★ | | | |
| **36** ☐☐☐ | 民事訴訟の手続きを定めている法律を何というか。 | 民事訴訟法 | |
| ★★★★★★★★★★★★★★ | | | |
| **37** ☐☐☐ | 不当または違法な行政作用によって、権利・利益を侵害された行政事件についておこなわれる裁判を何というか。 | 行政裁判（行政訴訟） | |
| ★★★★★★★★★★★★★★ | | | |
| **38** ☐☐☐ | 訴訟において、<u>上訴</u>（じょうそ）により裁判所の審理を 3 回受けることを認める裁判制度を何というか。 | 三審制（審級制） | |
| ★★★★★★★★★★★★★★ | | | |
| **39** ☐☐☐ | 第一審の判決を不服として、第二審裁判所へ上訴することを何というか。 | 控訴（こうそ） | |
| ★★★★★★★★★★★★★★ | | | |
| **40** ☐☐☐ | 控訴審の判決に対して不服を申し立て、最高裁判所へ上訴することを何というか。 | 上告（じょうこく） | |
| ★★★★ | | | |
| **41** ☐☐☐ | 裁判所による、判決という形式ではない決定や命令に対して、不服を申し立てて上訴することを何というか。 | 抗告（こうこく） | |
| ★★★★★★★★★★★★★★ | | | |
| **42** ☐☐☐ | 確定した判決に対して、重大な理由から判決を取り消し、再度裁判をするように申し立てることを何というか。 | 再審 | |
| ★★★★★★★★★★★★★★ | | | |
| **43** ☐☐☐ | 無実の者が罪に問われることを何というか。 | 冤罪（えんざい） | |
| ★★★★★★★★★★★★★★ | | | |
| **44** ☐☐☐ | 残虐な刑罰を禁止する憲法第36条をめぐり、最高裁判所が合憲の判断を示した制度とは何か。 | 死刑制度 | |
| ★★★★★★★★★★★★★★ | | | |
| **45** ☐☐☐ | 選ばれた一般の人が事件について審理し、有罪か無罪かを評決して裁判官に答申する制度を何というか。 | 陪審制（ばいしん） | |

★★★★★★★☆☆☆☆☆

**46** ☐☐☐ 国民から選ばれた人が、裁判官とともに合議体を構成して、裁判の審理に参加する制度を何というか。 — 参審制

★★★★★★★★★☆☆☆

**47** ☐☐☐ 法曹人口の拡大・法科大学院の設置・裁判官任用制度の改革・国民の司法参加をめざす改革を何というか。 — 司法制度改革

★★★★★★★★★☆☆☆

**48** ☐☐☐ 裁判官・検察官・弁護士など法曹の養成を目的とする<u>法科大学院</u>を何というか。 — ロースクール

★★★★★★★★★★☆☆

**49** ☐☐☐ 法律相談・国選弁護人の選定・民事法律扶助における弁護士費用の立てかえなどをおこなう機関を何というか。 — 日本司法支援センター(法テラス)

★★★★★★★★★★☆☆

**50** ☐☐☐ 地方裁判所における第一審のうち、重大な刑事裁判について、<u>裁判員</u>が裁判官とともに審理に参加する裁判制度を何というか。 — 裁判員制度

★★★★★★★★★☆☆☆

**51** ☐☐☐ <u>裁判員裁判</u>で、裁判員が裁判官とともに有罪かどうかを判定し、<u>量刑</u>の判断をすることを何というか。 — 評決

★★★★★★★☆☆☆☆☆

**52** ☐☐☐ 一般の国民(有権者)から選ばれ、裁判官とともに<u>公判</u>に参加し、有罪か無罪かの判断と、有罪の場合の量刑判断をおこなう者を何というか。 — 裁判員

★★★★★☆☆☆☆☆☆☆

**53** ☐☐☐ 最初の公判前に、裁判所・検察官・弁護人が、争点を明確にし、日程を含む審理計画を立てることを何というか。 — 公判前整理手続

★★★★★★☆☆☆☆☆☆

**54** ☐☐☐ 当事者同士で解決できない身近なトラブルについてなされる、訴訟手続きによらない紛争解決を何というか。 — ADR(裁判外紛争解決手段)

★★★★☆☆☆☆☆☆☆☆

**55** ☐☐☐ <u>ADR</u>でとられる3つの紛争解決とは何か。 — 斡旋・調停・仲裁

★★★★★★★☆☆☆☆☆

**56** ☐☐☐ 民事訴訟で、訴訟の途中で話しあいにより解決することを何というか。これは刑事訴訟には無い。 — 和解

★★★★★★★☆☆☆☆☆

**57** ☐☐☐ 犯罪被害者や遺族が刑事裁判に参加して法廷で直接、被告に質問や論告をおこなうことができる制度を何というか。 — 被害者参加制度

## 第2章　政治的な主体となるわたしたち

### ① 国会と立法

**用語集** p.115〜119

| | | |
|---|---|---|
| ★★★★★★★★★★★★ | | |
| **1** □□□ | 国会が2つの合議体から構成される制度を何というか。 | 二院制（両院制） |
| ★★★★★★★★★★★ | | |
| **2** □□□ | 国家における統治権の作用のうち、法を制定する権限を何というか。 | 立法権 |
| ★★★★★★★★★★ | | |
| **3** □□□ | 議員が法律案を発議しておこなわれる立法作用、またはそれによって成立した法律を何というか。 | 議員立法 |
| ★★★★★★★★★★★ | | |
| **4** □□□ | 日本国憲法第41条は、国会を国の唯一のどのような機関と規定しているか。 | 立法機関 |
| ★★★★★★★★★★★ | | |
| **5** □□□ | 日本国憲法第41条は、国会を国権のどのような機関と規定しているか。 | （国権の）最高機関 |
| ★★★★★★★★★★★ | | |
| **6** □□□ | 日本の<u>立法機関</u>を何というか。 | 国会 |
| ★★★★★★★★★★★ | | |
| **7** □□□ | 毎年1回1月中に召集され、おもに<u>予算</u>の審議を中心とする国会を何というか。 | 通常国会（常会） |
| ★★★★★★★★★★★ | | |
| **8** □□□ | 内閣またはいずれかの議院の総議員の4分の1以上の要求で召集される国会を何というか。 | 臨時国会（臨時会） |
| ★★★★★★★★★★★ | | |
| **9** □□□ | <u>衆議院</u>の解散総選挙後30日以内に召集される国会を何というか。 | 特別国会（特別会） |
| ★★★★★★★★★★★ | | |
| **10** □□□ | 衆議院の解散中に緊急の必要がある場合に召集される国会を何というか。 | 参議院の緊急集会 |
| ★★★★★★★★★★ | | |
| **11** □□□ | 衆議院議員の被選挙権は何歳以上からか。 | 満25歳以上 |
| ★★★★★★★★★★ | | |
| **12** □□□ | <u>参議院</u>議員の被選挙権は何歳以上からか。 | 満30歳以上 |
| ★★★★★★★★★ | | |
| **13** □□□ | <u>国会議員</u>は、院外における現行犯以外は、会期中はその院の許諾がなければ逮捕されないという特権を何というか。 | 不逮捕特権 |
| ★★★★★★★★★★ | | |
| **14** □□□ | 国会議員は、院内での演説・討論・表決について、民事上・刑事上の責任に問われないという特権を何というか。 | 免責特権 |

| | | |
|---|---|---|
| ★★★★★★★★━━━━━━━ | | |
| **15** □□□ | 議員がその地位にふさわしい生活を維持するための報酬を受ける権利を何というか。 | 歳費特権 |
| ★★★★★★★★★★★━━━ | | |
| **16** □□□ | 衆参各議院の総議員で構成する会議を何というか。 | 本会議 |
| ★★★★★★━━━━━━━━━ | | |
| **17** □□□ | 各議院で議案が発議または提出された場合、<u>本会議</u>の前にその議案を事前審議する制度を何というか。 | 委員会（制度） |
| ★★★★★★★★★━━━━━ | | |
| **18** □□□ | 国会で常置されている<u>委員会</u>を何というか。 | 常任委員会 |
| ★★★★★★★★━━━━━━━ | | |
| **19** □□□ | 国会で、<u>常任委員会</u>に属さない案件について、会期ごとに議院の議決により設置される委員会を何というか。 | 特別委員会 |
| ★★★━━━━━━━━━━━━ | | |
| **20** □□□ | 常任委員会で、利害関係者・学識経験者などから意見を聞く制度を何というか。 | 公聴会 |
| ★★★★★★★★★★★━━━ | | |
| **21** □□□ | 国会を構成する一院で、議員定数は465人（2023年12月現在）、任期4年で、解散がある議院を何というか。 | 衆議院 |
| ★★★★★★━━━━━━━━━ | | |
| **22** □□□ | 法律案・予算案の議決や条約の承認において、衆議院の権限が参議院よりも優先されることを何というか。 | 衆議院の優越 |
| ★★★★★★★━━━━━━━ | | |
| **23** □□□ | 日本国憲法第69条に規定されている、衆議院が内閣に対して有する権限を何というか。 | 内閣不信任決議 |
| ★★★★★★━━━━━━━━━ | | |
| **24** □□□ | 日本国憲法第60条は、「予算は、さきに衆議院に提出しなければならない」と規定しているがこれを何というか。 | 予算先議権 |
| ★★★★━━━━━━━━━━━ | | |
| **25** □□□ | 衆議院議員全員に対して、その任期満了前に、議員の身分を失わせることを何というか。 | 衆議院の解散 |
| ★★★★★★★★★★━━━━ | | |
| **26** □□□ | 国会を構成する一院で、議員定数は248人（2023年12月現在）、任期は6年で、解散のない議院を何というか。 | 参議院 |
| ★★★★★★★━━━━━━━ | | |
| **27** □□□ | 両議院の議事は、総議員の3分の1以上の出席で開き、出席議員の過半数で決するが、これを何というか。 | 議決 |
| ★★★★★★★★★★★★━ | | |
| **28** □□□ | 日本国憲法第67条に規定されている、両議院の権限を何というか。 | 内閣総理大臣の指名 |
| ★★★★★★★★━━━━━━━ | | |
| **29** □□□ | 日本国憲法第73条に事前または事後に<u>国会</u>の承認が必要とされている国会の権限を何というか。 | 条約の承認 |

| ★★★★★★★★★★★☆ | | |
|---|---|---|
| 30 □□□ | 日本国憲法第62条で定められた、両議院の「国政に関する調査を行」う権限を何というか。 | 国政調査権 |
| ★★★★★★★★★★☆☆ | | |
| 31 □□□ | 裁判官の憲法違反やそのほかの重大な非行に対して、裁定をくだす際に国会内に設置される裁判所を何というか。 | 弾劾裁判所 |
| ★★★★★★★★★★☆☆ | | |
| 32 □□□ | 両議院の議決が一致しない場合に、両議院の意見を調整するために設置される機関を何というか。 | 両院協議会 |
| ★★★★★★★★★★☆☆☆ | | |
| 33 □□□ | 国会の審議をより活発にするために、1999(平成11)年に成立した法律を何というか。 | 国会活性化法(国会審議活性化法) |
| ★★★★★★★★★★★☆ | | |
| 34 □□□ | 国会活性化法のなかで導入された、国会における審議の活性化をはかるための制度を何というか。 | クエスチョン・タイム(党首討論) |
| ★★★★☆☆☆☆☆☆☆☆ | | |
| 35 □□□ | 政党の決議により所属議員の評決の活動を拘束することを何というか。 | 党議拘束 |
| ★★★★★★★★★★☆☆ | | |
| 36 □□□ | 政党政治において、政権を担当している政党のことを何というか。 | 与党 |
| ★★★★★★★★★★☆☆ | | |
| 37 □□□ | 政党政治において、政権を担当していない政党のことを何というか。 | 野党 |

## ❷ 内閣と行政

用語集 p.119～124

| ★★★★☆☆☆☆☆☆☆☆ | | |
|---|---|---|
| 1 □□□ | 法にもとづいて公益を実現し、法の実現を目的とする政務のことを何というか。 | 行政 |
| ★★★★★★★★★★☆☆ | | |
| 2 □□□ | 国会による立法を具体的に執行していく権限で、日本では内閣がもつ権限を何というか。 | 行政権 |
| ★★★★★★★★★★★☆ | | |
| 3 □□□ | 行政権を担当する最高の機関を何というか。 | 内閣 |
| ★★★★★★★★★★★☆ | | |
| 4 □□□ | 合議体としての内閣の会議を何というか。秘密会でその決定は全員一致による。 | 閣議 |
| ★★★★★★★★★★★☆ | | |
| 5 □□□ | 内閣総理大臣と国務大臣の全員が、同時に内閣における役職を辞職することを何というか。 | 総辞職 |
| ★★★★★★★★★★★☆ | | |
| 6 □□□ | 国会議員のなかから国会によって指名される、内閣の首長を何というか。 | 内閣総理大臣(首相) |

| ★★★★★★★★★★★ | | |
|---|---|---|
| 7 □□□ | 内閣の構成員を何というか。 | 国務大臣 |

| ★★★★★★★★★★★ | | |
|---|---|---|
| 8 □□□ | 内閣総理大臣が、国会議員から各省庁に任命し、大臣の職務を代行できる役職を何というか。 | 副大臣 |

| ★★★★★★★★★ | | |
|---|---|---|
| 9 □□□ | 府省の長である大臣をたすけ、政務を処理することを職務とする特別職の国家公務員を何というか。 | 大臣政務官 |

| ★★★★★★★★★★★★ | | |
|---|---|---|
| 10 □□□ | 法律の委任<sub>(いにん)</sub>にもとづいて、<u>立法府</u>以外の機関が法規を制定することを何というか。 | 委任立法 |

| ★★★★★★★★★★ | | |
|---|---|---|
| 11 □□□ | 内閣が制定する命令を何というか。 | 政令 |

| ★★★★★★★★★★★★★★ | | |
|---|---|---|
| 12 □□□ | 単一の政党だけでは安定多数を獲得できない場合、複数の政党が政策協定を結んでつくる政権を何というか。 | 連立政権(連立内閣) |

| ★★★★★★★★★★★★ | | |
|---|---|---|
| 13 □□□ | 国または地方公共団体の公務を担当する者を何というか。 | 公務員 |

| ★★★★★★★★★ | | |
|---|---|---|
| 14 □□□ | 退職した高級官僚が、勤務官庁と関係の深い公社・公団や民間企業の幹部として再就職することを何というか。 | 天下り |

| ★★★★★★★★ | | |
|---|---|---|
| 15 □□□ | 2001(平成13)年1月、<u>中央省庁</u>はそれまでの1府22省庁から、どのように再編されたか。 | 1府12省庁体制 |

| ★★★★★★★★★★ | | |
|---|---|---|
| 16 □□□ | 2001(平成13)年の省庁再編で設立された首相直属の機関で、首相および内閣官房を補佐する機関を何というか。 | 内閣府 |

| ★★★★★★★★★ | | |
|---|---|---|
| 17 □□□ | 2001(平成13)年、環境庁が改組して設置された機関を何というか。 | 環境省 |

| ★★★★★★★★★★★ | | |
|---|---|---|
| 18 □□□ | 一般の行政機関からある程度独立して組織される合議制の行政機関を何というか。 | 行政委員会 |

| ★★★★★★★★★★★★ | | |
|---|---|---|
| 19 □□□ | 行政機構やその運営などを、合理的・効率的なものに改めることを何というか。 | 行政改革 |

| ★★★★★★★★★★ | | |
|---|---|---|
| 20 □□□ | 国・地方公共団体などが担っていた公的な事業の執行を民間の経営にゆだねることを何というか。 | 民営化 |

| ★★★★★★★★★★★★ | | |
|---|---|---|
| 21 □□□ | 2001(平成13)年〜06(平成18)年に、「聖域なき構造改革」を掲げ様々な改革をおこなった内閣を何というか。 | 小泉<sub>(こいずみ)</sub>内閣 |

| ★★★★★★★★★★★ | | |
|---|---|---|
| 22 □□□ | 各府省から独立し、公共的な事務・事業を担当すること | 独立行政法人 |

を目的に設立された法人を何というか。

★★★★★★☆☆☆☆☆☆
**23**
☐☐☐ 行政機関が業界や下級行政機関に対し、指導・勧告などにより政策目的を達成することを何というか。 行政指導

★★★★★★★★★★☆
**24**
☐☐☐ 行政運営の公正・透明性を確保することを目的に、1993（平成5）年に成立した法律を何というか。 行政手続法

★★☆☆☆☆☆☆☆☆☆☆
**25**
☐☐☐ 公正な経済活動、国民の生活や権利を守る名目で、各省庁が許可・認可などで規制をすることを何というか。 許認可行政

★★★★★★☆☆☆☆☆☆
**26**
☐☐☐ 国民の行政に対する苦情を受けつけ、中立的な立場から問題の解決をはかる担当官を設置する制度を何というか。 オンブズマン制度

★★★★★☆☆☆☆☆☆☆
**27**
☐☐☐ 行政機関が政令などを制定する際に、事前に案を示し、その案について国民から意見を募集することを何というか。 パブリックコメント

★★★★★★☆☆☆☆☆☆
**28**
☐☐☐ 内閣の首長たる内閣総理大臣を直接に補佐する行政機関を何というか。 内閣官房

★★★★★★☆☆☆☆☆☆
**29**
☐☐☐ 国家公務員全体の戦略的人事管理を担う組織として2014（平成26）年に設置された組織を何というか。 内閣人事局

## ❸ 地方自治の仕組みと役割   用語集 p.125〜130

★★★★★★★★★★★☆
**1**
☐☐☐ 地方における行政を、国とは別に地方公共団体を設けてその権限と責任においておこなうことを何というか。 地方自治

★★★★★★★★★★★☆
**2**
☐☐☐ 日本国憲法第92条に規定されている、地方自治の本来のあり方、根本原則を何というか。 地方自治の本旨

★★★★★★★★★★★☆
**3**
☐☐☐ 各地方公共団体の住民の意思にもとづいて、地方公共団体が政治をおこなうことを何というか。 住民自治

★★★★★★★★★★★☆
**4**
☐☐☐ 地方公共団体が、国から独立して行政をおこなうことを何というか。 団体自治

★★★★★★★★★★★☆
**5**
☐☐☐ イギリスの政治家ブライスが、その著作『近代民主政治』のなかで述べた地方自治に関する言葉は何か。 「地方自治は民主主義の学校」

★★★★★★★★★★★☆
**6**
☐☐☐ 都道府県や市町村のように、そのなかの住民を対象として、行政をおこなう団体を何というか。 地方公共団体

| | | |
|---|---|---|
| ★★★★★★★★★★★★★ | | |
| **7** □□□ | 1947(昭和22)年に制定された、地方公共団体の組織および運営に関する事項などを定めた法律を何というか。 | 地方自治法 |
| ★★★★★★★★★★★★★ | | |
| **8** □□□ | 地方公共団体における長を何というか。都道府県における知事、市町村の長がこれに当たる。 | 首長 |
| ★★★★★★★★★★★★ | | |
| **9** □□□ | 地方公共団体の長は、地方議会の議決に対して再議を要求できるが、この権利を何というか。 | 拒否権 |
| ★★★★★★★★★★★ | | |
| **10** □□□ | 地方議会の長への不信任決議に対する対抗手段として、長はどのような権利を有しているか。 | 議会の解散権 |
| ★★★★★★★★★★★★★ | | |
| **11** □□□ | 地方公共団体が、その自治のために制定する自主的な法を何というか。 | 条例 |
| ★★★★★★★★★★★★★ | | |
| **12** □□□ | 地方自治において、首長と議員は直接、住民が選ぶことができることを何というか。 | 二元代表制 |
| ★★★★★★★★★★★★★ | | |
| **13** □□□ | 住民の意思を地方自治に反映させるために、地方公共団体の行政に、住民が直接参加する権利を何というか。 | 直接請求権 |
| ★★★★★★★★★★★★ | | |
| **14** □□□ | 直接民主制の制度として、投票によって直接賛否を反映させる制度を何というか。 | レファレンダム(国民投票・住民投票) |
| ★★★★ | | |
| **15** □□□ | ある特定の地方公共団体のみに適用する特別法の制定の可否を問う住民投票を何というか。 | 地方特別法の住民投票 |
| ★★★★★★★★★★★★★ | | |
| **16** □□□ | その地方公共団体の有権者が、不適任と判断した特別職の公務員を罷免・解職できる制度のことを何というか。 | リコール〔制〕(解職請求) |
| ★★★★★★★★★★★★★ | | |
| **17** □□□ | 地方公共団体の有権者が、条例の制定・改廃を地方公共団体の長に請求することができる制度を何というか。 | イニシアティブ |
| ★★★★★★★★ | | |
| **18** □□□ | 地方公共団体が、地方自治を運営していくための財政のことを何というか。 | 地方財政 |
| ★★★★★★★★ | | |
| **19** □□□ | 地方公共団体の独自の財源が、総収入の約3〜4割程度で国の補助金などに頼っていることを何というか。 | 三割自治 |
| ★★★★★★★★★★★★★ | | |
| **20** □□□ | 地方公共団体の歳入のうち、自治体が徴収し自治体の判断で、比較的自由に使用できる財源のことを何というか。 | 自主財源 |
| ★★★★★★★★★★★★★ | | |
| **21** □□□ | 地方税法にもとづき、地方公共団体におさめる租税のこ | 地方税 |

とを何というか。

| | | |
|---|---|---|
| ★★★★★★★★★★ 22 ☐☐☐ | 地方公共団体間の財源格差を調整するために国が配分している税を何というか。使途は指定されない。 | 地方交付税 |
| ★★★★★★★★★★ 23 ☐☐☐ | 国が地方公共団体の経費の一部、または全部を支出する費用で、使途が指定されている補助金を何というか。 | 国庫支出金 |
| ★★★★★★★★★★ 24 ☐☐☐ | 地方公共団体が、財政上の必要から発行する<u>公債</u>のことを何というか。 | 地方債 |
| ★★★★★★★★★★ 25 ☐☐☐ | 地方公共団体の首長が法令にもとづき、国から委任された事務のことを何というか。1999（平成11）年に廃止。 | 機関委任事務 |
| ★★★★★★★★★★ 26 ☐☐☐ | 本来は国の事務だが、地方公共団体が委任されておこなう事務のことを何というか。 | 法定受託事務 |
| ★★★★★★★★★ 27 ☐☐☐ | 法律の範囲内で、地方公共団体が地域の実情にあわせて自主的におこなう事務のことを何というか。 | 自治事務 |
| ★★★★★★ 28 ☐☐☐ | 地域に住んでいる人々が、共通した地域の問題について自主的な組織をつくり解決に取り組む運動を何というか。 | 住民運動 |
| ★★★★ 29 ☐☐☐ | 地方公共団体の議会が、重要な政策決定について住民の投票による意思を問うために制定した条例を何というか。 | 住民投票条例 |
| ★★★★ 30 ☐☐☐ | 国が定めた市民生活の基準にかわり、地方公共団体が設定した、健康で文化的な最低生活基準を何というか。 | シビル・ミニマム |
| ★★★★★★★★ 31 ☐☐☐ | <u>中央集権</u>に対し、できるだけ多くの権力を地方に分散することを何というか。 | 地方分権 |
| ★★★★★★★★★ 32 ☐☐☐ | 1999（平成11）年7月に成立した、<u>地方自治法</u>をはじめ関連475法を改正する内容の法律を何というか。 | 地方分権一括法 |
| ★★★★★★ 33 ☐☐☐ | 複数の市町村が1つになって、行政サービスの向上をはかろうとすることを何というか。 | 市町村合併 |
| ★★★★ 34 ☐☐☐ | 1999（平成11）年から2010（平成22）年にかけておこなわれた<u>市町村合併</u>を何というか。 | 平成の大合併 |
| ★★★ 35 ☐☐☐ | 小泉内閣において、国が一定の市区町村を特区と指定し、その地域の規制を緩和するという政策を何というか。 | 構造改革特区 |

| | | |
|---|---|---|
| ★★ | | |
| **36** ☐☐☐ | 安倍内閣において、地域や分野を限定して規制・制度の緩和や税制面を優遇する、規制改革制度を何というか。 | 国家戦略特区 |
| ★★★ | | |
| **37** ☐☐☐ | 地域社会の連帯などをテーマとしておこなわれている、地域社会の活性化の動きを何というか。 | 町づくり(町おこし) |
| ★★★★★★★ | | |
| **38** ☐☐☐ | 小泉内閣による、補助金削減・<u>地方交付税</u>見直し・税源移譲からなる地方財政と地方分権に関わる改革を何というか。 | 三位一体の改革 |
| ★★ | | |
| **39** ☐☐☐ | 地方財政再建促進特別措置法によって破産状態とされた地方公共団体を何というか。 | 財政再建団体 |
| ★★ | | |
| **40** ☐☐☐ | 自分が生まれた故郷や応援したい地方公共団体に寄付するができる制度を何というか。 | ふるさと納税 |

## ❹ 政治参加と選挙　　　　　　　　用語集 p.131〜134

| | | |
|---|---|---|
| ★★★★★★★★★★★★★ | | |
| **1** ☐☐☐ | 組織や社会集団において、代表者などの特定のポストを投票などによって選出することを何というか。 | 選挙 |
| ★★★★★★★★★★★ | | |
| **2** ☐☐☐ | 選挙に参加できる権利について、納税額や資産額などで制限しない選挙のことを何というか。 | 普通選挙 |
| ★★★★ | | |
| **3** ☐☐☐ | 2015(平成27)年の<u>公職選挙法</u>改正で、日本の選挙権はどのようになったか。 | 18歳選挙権 |
| ★★★★★★★★★ | | |
| **4** ☐☐☐ | 選挙に参加する権利について、財産による制限がある選挙を何というか。 | 制限選挙 |
| ★★★★★★★★★★★★ | | |
| **5** ☐☐☐ | <u>有権者</u>が選挙権を行使する場合、その投票権の価値が等しい選挙のことを何というか。 | 平等選挙 |
| ★★★★★★★★ | | |
| **6** ☐☐☐ | 有権者は投票において、候補者名だけを記載すればよく、自分の氏名を記入しなくてよい選挙を何というか。 | 秘密選挙 |
| ★★★★★★★★ | | |
| **7** ☐☐☐ | 有権者が直接候補者を選挙する制度を何というか。 | 直接選挙 |
| ★★★★ | | |
| **8** ☐☐☐ | 有権者のなかで、どのくらいの割合の人が投票したかの数値を何というか。 | 投票率 |
| ★★★★★★★★★★★★ | | |
| **9** ☐☐☐ | 国民が政治に対して関心を示さないことを何というか。 | 政治的無関心 |

| | | |
|---|---|---|
| ★★★ | | |
| **10** □□□ | 選挙の際、各メディアによる選挙予測や世論調査の報道により、投票者の行動が変化することを何というか。 | アナウンス効果（アナウンスメント効果） |
| ★★★★★★★★★★★★ | | |
| **11** □□□ | 議員や首長などを、選挙で選ぶ制度のことを何というか。 | 選挙制度 |
| ★★★★★★★★★★★★ | | |
| **12** □□□ | 国会議員を選出する選挙を何というか。 | 国政選挙 |
| ★★★★★★★★★★★★ | | |
| **13** □□□ | 1つの選挙区から1人の議員を選出する制度を何というか。 | 小選挙区制 |
| ★★★★★★★★★★★★ | | |
| **14** □□□ | 有効投票ではあるが、当選者以外の者に投じられた票のことを何というか。小選挙区制でよくみられる。 | 死票 |
| ★★★★★★★★★★★★ | | |
| **15** □□□ | 1つの選挙区から2人以上の議員を選出する制度を何というか。 | 大選挙区制 |
| ★★★★★★★★★★★★ | | |
| **16** □□□ | 1950（昭和25）年に制定された日本の現行選挙制度の基本となる法律を何というか。 | 公職選挙法 |
| ★★★★★★★★★★★ | | |
| **17** □□□ | 選挙において、有権者の支持を得る目的で、政党および候補者がおこなう活動のことを何というか。 | 選挙運動 |
| ★★★★ | | |
| **18** □□□ | 家を一軒ごとに訪問して候補者への投票を頼んだり、候補者氏名を宣伝したりすることを何というか。 | 戸別訪問 |
| ★★★★★★★★★★ | | |
| **19** □□□ | 候補者と一定の関係がある者が選挙違反をした場合に、その候補者が当選無効とされるなどの制度を何というか。 | 連座制 |
| ★★★★★★★★★ | | |
| **20** □□□ | 投票日に投票に行けない有権者が、選挙期日の前日までのあいだに、投票することができる制度を何というか。 | 期日前投票 |
| ★★ | | |
| **21** □□□ | 外国に在留している有権者が国政選挙に投票する制度を何というか。 | 在外投票 |
| ★★★★ | | |
| **22** □□□ | かつての日本の衆議院議員選挙で、1選挙区から3〜5人の議員を選出した制度を何というか。 | 中選挙区制 |
| ★★★★★★★★★★★★ | | |
| **23** □□□ | 政党の得た得票総数に応じて、各政党別の当選議員を決定する方法のことを何というか。 | 比例代表制 |
| ★★★ | | |
| **24** □□□ | 比例代表選挙において、政党が作成した候補者名簿の順位に従い、政党別得票総数に応じて当選者が決定する制度を何というか。 | 拘束名簿式比例代表制 |

| | | |
|---|---|---|
| ★★★★★★★★★★☆☆☆☆☆ | | 非拘束名簿式 |
| **25** ☐☐☐ | 2001（平成13）年7月からの参議院の比例代表選出議員の選挙に取り入れられた方式を何というか。 | |
| ★★★★★★★★☆☆☆☆☆☆ | | 特定枠 |
| **26** ☐☐☐ | 参議院議員通常選挙において比例代表選挙に<u>拘束名簿式</u>を一部活用することを政党が決められるという制度を何というか。 | |
| ★★★★★★★★★★☆☆☆☆ | | ドント式 |
| **27** ☐☐☐ | <u>比例代表制</u>で、当選議員の配分が政党の得票総数に比例して決められる方法のことを何というか。 | |
| ★★★★★★★★★★★★☆☆ | | 小選挙区比例代表並立制 |
| **28** ☐☐☐ | 選挙で選ばれる議員のうち、一部を比例代表制で、ほかの一部を小選挙区制で選出する制度のことを何というか。 | |
| ★★★★★★★☆☆☆☆☆☆☆ | | 重複立候補制 |
| **29** ☐☐☐ | 衆議院議員選挙制度で、小選挙区選挙に立候補しつつ、比例代表選挙の名簿に登載できる制度を何というか。 | |
| ★★★★★★★★☆☆☆☆☆☆ | | 惜敗率 |
| **30** ☐☐☐ | 小選挙区の当該選挙区における最多得票数に対する落選者の得票数の割合を何というか。 | |
| ★★☆☆☆☆☆☆☆☆☆☆☆☆ | | アダムズ方式 |
| **31** ☐☐☐ | 都道府県ごとに人口を「ある数」で割り、小数点以下を切り上げてそれぞれの定数とする。その後「ある数」を徐々に大きい数にして、定数の合計が小選挙区数と一致するように計算するものを何というか。 | |
| ★★☆☆☆☆☆☆☆☆☆☆☆☆ | | 合区 |
| **32** ☐☐☐ | 参議院議員通常選挙で、複数の都道府県を1つの選挙区とする方式を何というか。 | |

## ❺ 政党と圧力団体　　　　用語集 p.134～137

| | | |
|---|---|---|
| ★★★★★★★★★★★★☆ | | 政党 |
| **1** ☐☐☐ | 共通の政治上の目的をもち、政権獲得をめざして活動する政治集団のことを何というか。 | |
| ★★★★★★★☆☆☆☆☆☆ | | マニフェスト |
| **2** ☐☐☐ | 有権者に対し、<u>政党</u>・首長・議員などが当選後に実行する政策を知らせるための声明（書）を何というか。 | |
| ★★★★★☆☆☆☆☆☆☆ | | ロッキード事件 |
| **3** ☐☐☐ | 1976（昭和51）年、アメリカの航空機製造メーカーにより、現職の内閣総理大臣や国会議員に対し、多額の贈収賄がおこなわれた事件を何というか。 | |
| ★★★★★☆☆☆☆☆☆☆ | | リクルート事件 |
| **4** ☐☐☐ | 1988（昭和63）年に発覚した事件で、情報産業への進出をねらった会社が、NTT・労働省・文部省などの官僚・政治家らへ未公開株を譲渡した贈収賄事件を何というか。 | |

| | | |
|---|---|---|
| ★★★★ | | |
| 5 ☐☐☐ | 一党による長期政権のもとでの、「政・官・財」の権力・利権の癒着構造による政治を何というか。 | 金権政治（金権腐敗） |
| ★★★★★★★★★ | | |
| 6 ☐☐☐ | 個人・政治団体・政党などが、おのおのの政治目的を達成するために活動する際に必要となる資金を何というか。 | 政治資金 |
| ★★★★★★★★★★★★ | | |
| 7 ☐☐☐ | 1948（昭和23）年に制定された政党や政治家などに政治資金の収支の公開を義務づける法律を何というか。 | 政治資金規正法 |
| ★★★★ | | |
| 8 ☐☐☐ | 政党・協会などの政治団体や政治家に対する、金銭および有価証券による寄付を何というか。 | 政治献金 |
| ★★★★★★★★ | | |
| 9 ☐☐☐ | 国が、政党に対して政治活動にかかる費用の一部を政党に付与する交付金を何というか。 | 政党交付金 |
| ★★★★★★★★★★★ | | |
| 10 ☐☐☐ | 1994（平成6）年に成立した、国が政党に政党交付金を交付するための法律を何というか。 | 政党助成法 |
| ★★★★ | | |
| 11 ☐☐☐ | 利害・思想・出身地・出身校・職業などの違いによって、集団内に形成される小集団を何というか。 | 派閥 |
| ★★★ | | |
| 12 ☐☐☐ | 特定の省庁で、政策決定過程に強い影響力をもつ議員を何というか。 | 族議員 |
| ★ | | |
| 13 ☐☐☐ | 親や祖父母なども政治家であった議員を何というか。 | 世襲議員 |
| ★★★★★★★★★★ | | |
| 14 ☐☐☐ | 特定の利害関係にもとづいて、議会や政府に影響力を行使する団体を何というか。 | 圧力団体 |
| ★★★★ | | |
| 15 ☐☐☐ | 2002（平成14）年に経済団体連合会と日本経営者団体連盟が統合して発足した組織を何というか。 | 日本経済団体連合会 |
| ★★★★ | | |
| 16 ☐☐☐ | 1989（平成元）年に、民間と官公庁のおもな組合が結集した、日本最大の労働組合を何というか。 | 連合（日本労働組合総連合会） |
| ★ | | |
| 17 ☐☐☐ | 圧力団体の利益を政治に反映させるために、政府・政党・議員や官僚などに働きかける運動員を何というか。 | ロビイスト |
| ★★★★★★★★★★ | | |
| 18 ☐☐☐ | 1955（昭和30）年以降の日本社会党と、自由民主党による対立のもとで成立した体制を何というか。 | 55年体制 |
| ★★★★★★★★★ | | |
| 19 ☐☐☐ | 1955（昭和30）年の保守合同によって結成された保守政党を何というか。 | 自由民主党 |

★★★★★★★★★★★★
20 □□□ 政党の主導によって進められる議会政治のことを何というか。 | 政党政治

★★★★★★★★★★☆☆
21 □□□ 政治には関心を失っていないが、既成政党への不信感をもっている有権者層を何というか。 | 無党派層

★★★★★★★★★☆☆☆
22 □□□ 有力な政党が2つ存在して、議会においてたがいに強い影響力をもつ政党政治のことを何というか。 | 二大政党制

★★★☆☆☆☆☆☆☆☆☆
23 □□□ 現状の政治状況に対して体制維持を掲げ、伝統的価値観を守ることを主張する政党を何というか。 | 保守政党

★★★☆☆☆☆☆☆☆☆☆
24 □□□ 現状の政治状況に対して、改革を主張する政党を何というか。 | 革新政党

★★★☆☆☆☆☆☆☆☆☆
25 □□□ 1993（平成5）年7月の第40回総選挙で、誕生した日本新党代表の細川護熙（ほそかわもりひろ）を首班とする政権を何というか。 | 非自民連立政権

★★★★☆☆☆☆☆☆☆☆
26 □□□ 1996（平成8）年、鳩山由紀夫（はとやまゆきお）を中心に、新党さきがけ・社会民主党離党議員が結成した政党を何というか。 | 民主党

★★★★☆☆☆☆☆☆☆☆
27 □□□ 衆議院と参議院とで最大会派が異なる状態を何というか。 | ねじれ国会

# ❻ メディアと世論

用語集 p.137〜143

★★★★★★★★★★★★
1 □□□ ラジオ・テレビ・雑誌・新聞などの情報媒体を何というか。 | マス・メディア

★☆☆☆☆☆☆☆☆☆☆☆
2 □□□ 事件や事故の取材で、当事者や関係者に対して過剰な取材競争をすることを何というか。 | 集団的加熱取材（メディアスクラム）

★★★☆☆☆☆☆☆☆☆☆
3 □□□ 情報の生産・伝達などを中心にする産業を何というか。第四次産業とも呼ばれる。 | 知識集約型〔産業〕

★★★★★★★★★★★★
4 □□□ 1960年代のアメリカ国防総省で、軍事目的の研究から生まれたコンピュータ通信の情報網を何というか。 | インターネット

★★★★★★★★★★★★
5 □□□ ソーシャル・ネットワーキング・サービスの略を何というか。 | SNS

★★★★☆☆☆☆☆☆☆☆
6 □□□ 1990年代半ば以降のインターネットの急速な世界的普及により、社会の構造を激変させたことを何というか。 | IT（情報技術）革命

| | | |
|---|---|---|
| ★★★★★★★ | 情報通信に関わる技術の総称で、とくにコンピュータやインターネットを利用した通信機能を何というか。 | ICT（情報通信技術） |
| **7** □□□ | | |
| ★★★★★★★★★★★★★ | コンピュータの性能が大きく向上し、人間のように経験からさらなる学習をする、ということができるようになった人工知能を何というか。 | AI |
| **8** □□□ | | |
| ★★★★★ | 「人工知能(AI)」が人間の知能をこえる転換点のことを何というか。 | シンギュラリティ |
| **9** □□□ | | |
| ★★★★★ | 狩猟社会、農耕社会、工業社会、情報社会に続く、新たな社会を何というか。 | Society5.0（ソサエティ5.0） |
| **10** □□□ | | |
| ★★★★★★★ | 「モノのインターネット」ともいい、すべてのモノをインターネットでつなげようとすることを何というか。 | IoT |
| **11** □□□ | | |
| ★★★★★ | インターネットなど、ネットワーク上で電子的におこなわれる商取引を何というか。ECともいう。 | eコマース（電子商取引） |
| **12** □□□ | | |
| ★★★★★★★ | 情報ネットワーク上のデータ処理のみで、現金によらず商取引の代金支払を可能にするものを何というか。 | 電子マネー |
| **13** □□□ | | |
| ★★★★★★★★★★ | インターネットを利用して、自宅などの会社以外の場所で働く形態を何というか。 | テレワーク |
| **14** □□□ | | |
| ★★ | 情報がどこにでも存在し、いつでも、必要とする情報を利用できるような社会を何というか。 | ユビキタス〔社会〕 |
| **15** □□□ | | |
| ★★ | 人工衛星の発する電波を使い、車や携帯電話の受信機から自分の位置を割り出すシステムを何というか。 | GPS |
| **16** □□□ | | |
| ★★★★ | 情報技術を利用できる能力の不平等・不均衡のことを何というか。 | デジタルデバイド（情報格差） |
| **17** □□□ | | |
| ★★★★★★★★★★★ | テレビなどのメディアを正しく読みとり、主体的に活用できる能力を何というか。 | メディア・リテラシー |
| **18** □□□ | | |
| ★★★★★★★ | 虚偽の情報でつくられたニュースを何というか。 | フェイクニュース |
| **19** □□□ | | |
| ★★★ | もともとはコンピュータに詳しく、高度なソフトウェアを創造することができる人々の尊称を何というか。 | ハッカー |
| **20** □□□ | | |
| ★ | 軍事戦略の1つであり、正規戦・非正規戦・サイバー | ハイブリッド戦 |
| **21** □□□ | | |

戦・情報戦などを組み合わせて戦うことを何というか。

★★★★★★★★★★★★★
| 22 □□□ | ICT を利用したネット上に流れる大量の情報のかたまりを何というか。 | ビッグデータ |

★★★★★★★★★★★★★★★
| 23 □□□ | 政治・経済・文化などの問題に関して、社会で一般に影響力をもつ意見を何というか。 | 世論 |

★★★★☆☆☆☆☆☆☆☆
| 24 □□□ | 政治権力や圧力団体などが、マス・メディアを利用して人々の世論を一定方向に向けようとすることを何というか。 | 世論操作 |

★★★★★★★★★★☆☆
| 25 □□□ | 政府やマス・メディアがおこなう世間一般に対しておこなう、政治・経済・文化などに関する調査を何というか。 | 世論調査 |

★★★★★☆☆☆☆☆☆☆
| 26 □□□ | アメリカでマス・メディアにつけられた別称を何というか。 | 第四の権力 |

★★★★★★★★☆☆☆☆
| 27 □□□ | 大企業が、大規模な工場で機械を使用して、多数の労働者を雇って、大量に商品を生産することを何というか。 | 大量生産 |

★★★★★★★★☆☆☆☆
| 28 □□□ | 大量生産とともに、大衆社会出現の背景となった、消費のあり方を何というか。 | 大量消費 |

★★★★☆☆☆☆☆☆☆☆
| 29 □□□ | アメリカの社会学者で、人間の行動性格を伝統志向型・内部志向型・他人志向型に類型化して分析したのはだれか。主著は『孤独な群衆』。 | リースマン |

★★★★★☆☆☆☆☆☆☆
| 30 □□□ | 文書主義などで合理的に組織化された管理運営体で、役所や企業など巨大組織を運営する仕組みを何というか。 | 官僚制（ビューロクラシー） |

★★★☆☆☆☆☆☆☆☆☆
| 31 □□□ | 集団内の小集団が、それぞれなわばりを主張し、ほかとの連携を拒否することを何というか。派閥主義ともいう。 | セクショナリズム |

★☆☆☆☆☆☆☆☆☆☆☆
| 32 □□□ | 官僚制などにみられる、失敗をおそれる消極的態度を何というか。 | 事なかれ主義 |

★★★☆☆☆☆☆☆☆☆☆
| 33 □□□ | ものごとを、強者―弱者、勝者―敗者といったように、決まり切った型に振りわけてとらえることを何というか。 | ステレオタイプ |

★★☆☆☆☆☆☆☆☆☆☆
| 34 □□□ | 学歴・収入・昇進などで優位に立ち、企業への帰属意識も強いとされる、事務的職種につく人々を何というか。 | ホワイトカラー |

★☆☆☆☆☆☆☆☆☆☆☆
| 35 □□□ | 歴史的・社会的な条件によって、制約される考え方の総体を何というか。 | イデオロギー |

| | | |
|---|---|---|
| **36** □□□ | 個人や社会の独特な生き方の形式を何というか。 | ライフスタイル |

★★★★★★★ ━━━━━

| | | |
|---|---|---|
| **37** □□□ | 理性的・知的な市民よりも情緒的・感情的な大衆の支持を得ようとする運動、政治態度のことを何というか。 | ポピュリズム（大衆迎合主義） |

## ❼ 防災　　　　　　　　　　　　　　用語集 p.144〜144

★★★★ ━━━━━━━━━

| | | |
|---|---|---|
| **1** □□□ | 自然災害に対し、被災想定区域や避難場所・避難経路などの防災関係施設の位置を表示した地図を何というか。 | ハザードマップ |

★ ━━━━━━━━━━━━━

| | | |
|---|---|---|
| **2** □□□ | 伊勢湾台風をきっかけに1961（昭和36）年に制定された、災害に対する法律を何というか。 | 災害対策基本法 |

★★★★★★★★★ ━━

| | | |
|---|---|---|
| **3** □□□ | 災害が発生した際に、まずは自分自身の身の安全を守ることを何というか。 | 自助 |

★★★★★★★★★ ━━

| | | |
|---|---|---|
| **4** □□□ | 災害が発生した際に、自身と同じ地域やコミュニティといったまわりの人々が協力して助け合うことを何というか。 | 共助 |

★★★★★★ ━━━━━━

| | | |
|---|---|---|
| **5** □□□ | 災害が発生した際に、国・地方公共団体、消防・警察・自衛隊といった公的機関がおこなう救助や援助を何というか。 | 公助 |

**自立した主体としてよりよい社会の形成に参画するわたしたち**

第Ⅱ部

第3章　# 経済とわたしたち

## ❶ 現代の市場と経済

用語集 p.145〜172

### ■経済とその考え方

| ★★☆☆☆☆☆☆☆☆☆☆ | | |
|---|---|---|
| **1**<br>□□□ | 商品生産を前提としない経済で、必要とされるものを、みずからの生産で満たすことを何というか。 | 自給自足 |
| ★★★☆☆☆☆☆☆☆☆☆ | | |
| **2**<br>□□□ | <u>貨幣</u>を仲立ちとしてすべての経済活動がおこなわれている経済を何というか。 | 貨幣経済 |
| ★★★★★★★★★☆☆☆ | | |
| **3**<br>□□□ | <u>財・サービス</u>をつくり出す、人間の身体のうちにある肉体的・精神的な活動力の総体を何というか。 | 労働力 |
| ★★★★★★★★★★★★ | | |
| **4**<br>□□□ | 資本主義経済では<u>市場</u>において取引される有形のもので、人間にとって有用なものを何というか。 | 財〔貨〕 |
| ★★★★★★★★★★★☆ | | |
| **5**<br>□□□ | 労働・役務など形はないが、人間の欲求を満たす経済活動を何というか。 | サービス |
| ★★★★★★★★☆☆☆☆ | | |
| **6**<br>□□□ | ある製品をつくる際に、生産工程を分割し、それぞれを労働者に割り当てて生産することを何というか。 | 分業 |
| ★★★★★★★★★☆☆☆ | | |
| **7**<br>□□□ | 経済的な選択において、ある行動を選択することで、選択することをしなかった機会から得られたであろう便益のうちもっとも大きいものを何というか。 | 機会費用 |
| ★★★★★★★★☆☆☆☆ | | |
| **8**<br>□□□ | ある用途に使えばそのほかの用途に使えないなど、一方をとれば他方をとることができないことを何というか。 | トレードオフ |
| ★★★★★★★★★☆☆☆ | | |
| **9**<br>□□□ | 3つの<u>経済主体</u>が、たがいに貨幣を媒介として、財やサービスを生産・流通・消費させる循環過程を何というか。 | 経済循環 |
| ★★★★★★★★★★★★ | | |
| **10**<br>□□□ | 生産・流通・消費の各経済活動を営んでいる経済単位を何というか。 | 経済主体 |
| ★☆☆☆☆☆☆☆☆☆☆☆ | | |
| **11**<br>□□□ | 純投資によって、減耗分を上まわる設備拡大をおこない、生産が拡大することを何というか。 | 拡大再生産 |
| ★★★★★★★★★★★☆ | | |
| **12**<br>□□□ | <u>生産の三要素</u>のうちの1つで、生産活動に投下された資金など、生産に使われるものの総体を何というか。 | 資本 |

第Ⅱ部　第3章　経済とわたしたち

❶ 現代の市場と経済　**75**

| | | |
|---|---|---|
| ★★★★★★★★★★☆☆ | | |
| **13** ☐☐☐ | 生産の三要素のうちの１つで、生産活動に必要な自然の総体を何というか。 | 土地 |
| ★★★★★★★★★★☆☆ | | |
| **14** ☐☐☐ | 資本を調達して、労働力を用いて<u>利潤</u>の追求をめざして生産活動をおこなう経済主体を何というか。 | 企業 |
| ★★★★★ | | |
| **15** ☐☐☐ | 生産のために必要な財や資源、また生産された財・サービスが、その生産を満たすためには不足していることを何というか。 | 資源の希少性 |
| ★★★★★★★★★★★ | | |
| **16** ☐☐☐ | 一般に左に資産、右に負債と純資産が計上された企業の資産・負債・純資産の状態を示した書類を何というか。 | バランスシート（貸借対照表） |
| ★★★★★★★ | | |
| **17** ☐☐☐ | 企業の１年間の収益と費用、利益の状態を表すために作成される書類を何というか。 | 損益計算書 |
| ★★★★ | | |
| **18** ☐☐☐ | 個人所得から直接税・社会保険料などを除き、個人が自由に処分できる所得を何というか。 | 可処分所得 |
| ★ | | |
| **19** ☐☐☐ | <u>可処分所得</u>に占める消費支出の割合を示す指標を何というか。 | 消費性向 |
| ★★★★★★★★★★☆☆ | | |
| **20** ☐☐☐ | 土地・労働・資本などの生産要素の提供に対する対価として受けとる収入・報酬を何というか。 | 所得 |
| ★★★ | | |
| **21** ☐☐☐ | 家計の消費支出に占める食費の割合を示す指標を何というか。 | エンゲル係数 |
| ★★★★★★★★★★★★★ | | |
| **22** ☐☐☐ | 家庭における経済単位のことで、市場に労働力・資本などを提供する経済主体を何というか。 | 家計 |
| ★★★★★★★★★★ | | |
| **23** ☐☐☐ | <u>公共財</u>や公共サービスを家計や企業に提供して経済活動を支える経済主体を何というか。 | 政府 |
| ★★★★★★ | | |
| **24** ☐☐☐ | <u>株式</u>や不動産を購入するなど、利潤獲得のために資本や資金を投下すること何というか。 | 投資 |
| ★★ | | |
| **25** ☐☐☐ | 経済活動に要した資金や原材料、労働力への支払いなどの代価をはじめとした諸経費を何というか。 | コスト |
| ★★★★★★★★★★☆ | | |
| **26** ☐☐☐ | 販売を目的として生産され、交換の場でやりとりされる財・サービスを何というか。 | 商品 |

## ■ 資本主義の歴史と経済思想

★★★★★★☆☆☆☆☆☆
**1** □□□ 18世紀末から19世紀初頭にかけて確立した経済体制で、<u>私有財産制</u>・経済活動の自由・利潤追求の自由がその原理となるものを何というか。 | 資本主義

★★☆☆☆☆☆☆☆☆☆☆
**2** □□□ <u>資本</u>の集中・集積により形成された少数の大企業が市場を独占する社会経済体制を何というか。 | 独占資本主義

★★★★☆☆☆☆☆☆☆☆
**3** □□□ 資本投資先の植民地などを求め、他民族の領土や国家支配・侵略をめざす主張や政治体制を何というか。 | 帝国主義

★★★☆☆☆☆☆☆☆☆☆
**4** □□□ 慢性的インフレなどを巨大産業への<u>依存効果</u>としてとらえ、アメリカ経済の病弊を指摘した経済学者はだれか。 | ガルブレイス

★★★★★★★☆☆☆☆☆
**5** □□□ 財などを生産するために必要な労働対象と、機械・土地など労働手段の2つをあわせて何というか。 | 生産手段

★★★★★★★★★★★★
**6** □□□ 企業において、商品を販売したことによる、収入（売上高）から費用を差し引いたものを何というか。 | 利潤

★★★★☆☆☆☆☆☆☆☆
**7** □□□ <u>生産手段</u>をもち、労働者を雇用して資本主義的な生産をおこなう人々や階級を何というか。 | 資本家

★★★★★★★★★★★★
**8** □□□ 「経済学の父」といわれ、『<u>諸国民の富</u>』などを著したスコットランド生まれの経済学者はだれか。 | アダム＝スミス

★★★★★★★☆☆☆☆☆
**9** □□□ 『諸国民の富の性質ならびに原因に関する研究』とも訳される<u>アダム＝スミス</u>の主著は何か。 | 『国富論』

★☆☆☆☆☆☆☆☆☆☆☆
**10** □□□ 商品の価値は、生産するために社会的に必要とされる労働時間によって決定されるという考え方を何というか。 | 労働価値説

★★★★★★★★★★☆☆
**11** □□□ 個々人が利益を追求しても社会全体の幸福も実現される市場原理をアダム＝スミスは何と表現したか。 | 「見えざる手」

★★☆☆☆☆☆☆☆☆☆☆
**12** □□□ 自由主義を基礎において、18世紀後半〜19世紀初めにかけてイギリスで成立した経済学派を何というか。 | 古典派経済学

★★★★★★★☆☆☆☆☆
**13** □□□ 重農主義者やアダム＝スミスらが、自由な経済活動にゆだねるべきと主張した政策を何というか。 | レッセ・フェール（自由放任主義〔政策〕）

| | | |
|---|---|---|
| ★★★★★★★★★★★ **14** ☐☐☐ | 政府による経済活動への規制などの権限を可能な限り小さくしようとする「<u>安価な政府</u>」を何というか。 | 小さな政府 |
| ★★★★★★★★★★★ **15** ☐☐☐ | 18世紀後半、イギリスで始まった産業上の変化と技術的進歩による経済・社会の大変革を何というか。 | 産業革命 |
| ★★ **16** ☐☐☐ | 19世紀後半から、石油・内燃機関を動力に重化学工業を発展させた技術の進歩を何というか。 | 第二次産業革命 |
| ★★ **17** ☐☐☐ | 20世紀後半からのコンピュータによる情報革命を別名何というか。 | 第三次産業革命 |
| ★★★ **18** ☐☐☐ | IoT や AI、ビッグデータを用いた21世紀の技術革新を何というか。 | 第四次産業革命 |
| ★ **19** ☐☐☐ | 道具を使用して工場で分業・協業による生産方法である<u>マニュファクチュア</u>を日本語で何というか。 | 工場制手工業 |
| ★★★ **20** ☐☐☐ | <u>産業革命</u>の進展により成立した機械を用いた工業での生産方式を何というか。 | 工場制機械工業 |
| ★★ **21** ☐☐☐ | 19世紀、生活が苦しい原因は機械にあるとして、手工業者や労働者が、機械や工場を破壊した運動を何というか。 | ラッダイト運動(機械打ちこわし運動) |
| ★★★★★★★★★★★ **22** ☐☐☐ | 新しい技術や管理方法などの導入による産業上の変化を示すために<u>シュンペーター</u>が使った概念を何というか。 | 技術革新(イノベーション) |
| ★★★★★★★★★★ **23** ☐☐☐ | 利潤獲得のために古いものを破壊し新しいものを創造していく資本主義の絶えざる活動を何というか。 | 創造的破壊 |
| ★★★★ **24** ☐☐☐ | 物事に取り組む意欲を引き出すために、経済活動をうながす外的誘引を何というか。 | インセンティブ |
| ★★★★★★★★★★ **25** ☐☐☐ | 完全雇用を実現するために、政府による<u>有効需要</u>の創出が重要性を説いたイギリスの経済学者はだれか。 | ケインズ |
| ★★★★★★★★★★ **26** ☐☐☐ | 購買力をともなった貨幣の裏づけをもった需要を何というか。 | 有効需要 |
| ★★★★★★★★★★ **27** ☐☐☐ | 政府の積極的な介入によって経済を調整するべきであるという資本主義のあり方を何というか。 | 修正資本主義 |
| ★★★ **28** ☐☐☐ | 巨視的(マクロ)視点から、政府・企業・家計の経済活動 | マクロ経済 |

をとらえたものを何というか。

★★★★★★★★★★★★★
**29**
☐☐☐ 個々人や個別企業の微視的（ミクロ）視点から経済活動をとらえたものを何というか。

ミクロ経済

★★★★★★★★★★★★★
**30**
☐☐☐ 新自由主義の指導者として活躍し、ケインズ派と対立したオーストリアの経済学者はだれか。

ハイエク

★★★★★★★★★★★★★
**31**
☐☐☐ 社会・経済政策について、政府による積極的な介入をすべきであるという主張、そのような政府のあり方を何というか。

大きな政府

★★★★★★★★★★★★★
**32**
☐☐☐ 裁量的財政政策の一環として、国などがおこなう公共的な土木工事、社会資本の建設・運営などの事業を何というか。

公共事業

★★★★★★★★★★★★★
**33**
☐☐☐ 治安の維持と防衛など、限られた機能しかもたない国家のことを、ドイツの社会主義者ラッサールは何と呼んだか。

夜警国家

★★★★
**34**
☐☐☐ 労働者階級の国家実現を主張し、自由主義的国家を「夜警国家」と呼んだ社会主義者はだれか。

ラッサール

★★★
**35**
☐☐☐ 夜警国家と同じ意味に使われ、国民生活に介入する範囲を狭く限定した国家を何というか。

消極国家

★★★★★★★★★★★★★
**36**
☐☐☐ 経済的弱者を保護するために、社会保障制度の整備を最重要の課題とする国家を何というか。

福祉国家

★★★★★★★★★★★★★
**37**
☐☐☐ 1929年「暗黒の木曜日」のウォール街の株価大暴落がきっかけとなった世界史上最大規模の大不況を何というか。

世界恐慌

★★★★★★★★★★★★★
**38**
☐☐☐ TVA 設立など世界恐慌を克服するためにフランクリン＝ローズヴェルト大統領が実施した政策の総称を何というか。

ニューディール政策

★★★★★★★★★★★★★
**39**
☐☐☐ ニューディール政策を実施し、第二次世界大戦中は連合国のリーダー的存在であったアメリカ大統領はだれか。

ローズヴェルト（フランクリン＝ローズヴェルト）

★★★★★★★★★★★★★
**40**
☐☐☐ 資本主義的な市場経済と社会主義的な計画経済の混合した経済を何というか。

混合経済

★★★★★★★★★★★★★
**41**
☐☐☐ 貨幣供給量の変化によって経済活動全体の動きが大きく左右されると主張したアメリカの経済学者はだれか。

フリードマン

| | | |
|---|---|---|
| **42**<br>□□□ | 経済成長にあわせた貨幣通貨量調整を主張し、財政政策よりも、貨幣供給量の変化を重要視する理論を何というか。 | マネタリズム |
| **43**<br>□□□ | 市場経済によらず私有財産制度を否定し、商品生産は国家による中央計画経済でおこなう経済体制を何というか。 | 社会主義経済 |
| **44**<br>□□□ | 土地・工場・機械などの生産手段の私的所有を認めず、公的な機関が所有することを何というか。 | 生産手段の公有化（国有化） |
| **45**<br>□□□ | <u>社会主義経済</u>の特徴の1つで、商品の生産・販売・流通を国家が計画を立てて運営することを何というか。 | 計画経済 |
| **46**<br>□□□ | 19世紀のイギリスや今日の中国など世界中に工業生産品を供給している国を比喩的な表現で何というか。 | 世界の工場 |
| **47**<br>□□□ | 世界経済のなかで、とりわけ大規模な購買層をもつ市場、または国家を何というか。 | 世界の市場 |

## ■市場経済の仕組み

| | | |
|---|---|---|
| **1**<br>□□□ | 家計や企業の経済生活において、取引がおこなわれ、売買関係が成立している「場」を何というか。 | 市場 |
| **2**<br>□□□ | 売り手と買い手の自由な取引で売買が成立する<u>市場機構</u>に支えられた経済を何というか。 | 市場経済 |
| **3**<br>□□□ | 市場での自由な取引で決定される価格の変動で需要・供給が調整され、資源を効率的に配分する仕組みを何というか。 | 市場機構（市場メカニズム） |
| **4**<br>□□□ | <u>市場メカニズム</u>が想定している、需要者と供給者が多数存在し、意図的に価格を動かせない市場を何というか。 | 完全競争市場 |
| **5**<br>□□□ | 市場において、<u>需要</u>量と<u>供給</u>量とが一致する均衡点における価格を何というか。 | 均衡価格 |
| **6**<br>□□□ | 市場における財・サービスに対する欲求の度合い、または、市場における購買側の立場を何というか。 | 需要 |
| **7**<br>□□□ | 生産された商品が、市場に提供される量、または、市場における販売側の立場を何というか。 | 供給 |

| ★★★★★★★★★☆☆☆☆ | | |
|---|---|---|
| **8**<br>□□□ | 需要が、供給を超過していること、またその量を何というか。 | 超過需要 |
| ★★★★★★★★★★☆☆☆ | | |
| **9**<br>□□□ | 市場において形成された価格を何というか。 | 市場価格 |
| ★★★★★★★★★★☆☆☆ | | |
| **10**<br>□□□ | <u>価格機構</u>ともいい、自由な競争のもとで、価格が変動して自然と需要量と供給量が一致する機能を何というか。 | 価格の自動調節機能 |
| ★★☆☆☆☆☆☆☆☆☆☆☆ | | |
| **11**<br>□□□ | 価格が変化した時の需要量の変化の度合いを何というか。 | 価格弾力性 |
| ★★★★★★★★★★☆☆☆ | | |
| **12**<br>□□□ | 市場経済で<u>価格の自動調節機能</u>が働かず、効率的な資源配分や供給が達成されない状況を何というか。 | 市場の失敗(市場の限界) |
| ★★★★★★★★★★☆☆☆ | | |
| **13**<br>□□□ | 市場を単一の企業が支配している状態で、広義には少数の大企業の支配も含む状態を何というか。 | 独占 |
| ★★★★★★★★★★☆☆☆ | | |
| **14**<br>□□□ | 単一の企業ではなく、少数の企業が市場を支配している状態を何というか。 | 寡占 |
| ★★★★★★★★★☆☆☆☆ | | |
| **15**<br>□□□ | 独占市場の一形態で、少数の大企業が市場を支配し、価格の決定権を握っている市場を何というか。 | 寡占市場 |
| ★★★★☆☆☆☆☆☆☆☆☆ | | |
| **16**<br>□□□ | 吸収合併により企業の資本規模が拡大することと、投資を追加し資本を大きくすることをあわせて何というか。 | 資本の集中・集積 |
| ★★★★☆☆☆☆☆☆☆☆☆ | | |
| **17**<br>□□□ | 同種のものを多く集め規模が大きくなることで、経済効率や生産性が向上することを何というか。 | 規模の利益(スケールメリット) |
| ★★★★★★★★★★☆☆☆ | | |
| **18**<br>□□□ | <u>寡占市場</u>において、価格支配力をもつ指導的な大企業が、超過利潤の獲得をめざして設定する価格を何というか。 | 管理価格 |
| ★★★★★★★★★★☆☆☆ | | |
| **19**<br>□□□ | 寡占市場において、価格の支配力をもつ<u>価格先導者</u>の企業を何というか。 | プライス・リーダー |
| ★★★★★★★★★★☆☆☆ | | |
| **20**<br>□□□ | 独占価格(寡占価格)の存在する市場で、価格が下落しにくくなる傾向を何というか。 | 価格の下方硬直性 |
| ★★★★★★★★★★☆☆☆ | | |
| **21**<br>□□□ | 寡占市場などで、広告・デザイン・アフターサービスなど価格以外の部分で競争をおこなうことを何というか。 | 非価格競争 |
| ★★★☆☆☆☆☆☆☆☆☆☆ | | |
| **22**<br>□□□ | アメリカの巨大<u>IT企業</u>であるグーグル、アップル、フェイスブック(現メタ)、アマゾンを総称して何というか。 | GAFA |

| | | |
|---|---|---|
| ★★★・・・・・・・ | | |
| **23** □□□ | インターネット上で、利用者とサービス提供者とを結びつける基盤を提供する事業者を何というか。 | プラットフォーマー |
| ★★★★★★・・・・ | | |
| **24** □□□ | 宣伝や広告などによって、消費者の欲望がかきたてられることを<u>ガルブレイス</u>は何と呼んだか。 | 依存効果 |
| ★★★★★・・・・・ | | |
| **25** □□□ | ほかの消費者がある商品を買うと、つられて同じ商品を買ってしまう現象のことを何というか。 | デモンストレーション効果 |
| ★★★★★★★★★★ | | |
| **26** □□□ | 同じ産業分野の企業が、独立性を保ちながら、販売価格や生産量などの協定を結ぶ<u>独占</u>の一形態を何というか。 | カルテル（企業連合） |
| ★★★★★★★★・・ | | |
| **27** □□□ | いくつかの企業が、独立性を捨てて合併し、巨大企業を形成する独占の一形態を何というか。 | トラスト（企業合同） |
| ★★★★★★・・・・ | | |
| **28** □□□ | 複数企業が株式のもちあいや融資関係などにより結合し、多くの産業分野を支配する独占の形態を何というか。 | コンツェルン |
| ★★★★★★★・・・ | | |
| **29** □□□ | 経営の効率化や高い技術の獲得をめざして、企業がほかの企業を買収することを何というか。 | 合併・買収（M&A） |
| ★★★★★★★・・・ | | |
| **30** □□□ | 事業をおこなわず子会社の株式を保有、企業グループの中核として子会社を指示し統括する会社を何というか。 | 持株会社 |
| ★★★★★★★★・・ | | |
| **31** □□□ | 利潤獲得を目的に、たがいに関連性のない産業分野・市場で複数の事業展開をおこなう企業を何というか。 | コングロマリット（複合企業） |
| ★★・・・・・・・・ | | |
| **32** □□□ | 多くの産業分野の企業が、横のつながりをもつ大企業どうしの系列関係を何というか。 | 企業集団 |
| ★★★★★★★★・・ | | |
| **33** □□□ | 業者の公正な自由競争を促進し、国民経済の健全な発達を促進する「経済の憲法」ともいわれる法律を何というか。 | 独占禁止法 |
| ★★★★★★★★・・ | | |
| **34** □□□ | <u>独占禁止法</u>を実施・運用する行政委員会を何というか。 | 公正取引委員会 |
| ★★★★★★★★・・ | | |
| **35** □□□ | <u>市場の失敗</u>の1つで、市場の外で発生する社会的なマイナス効果を何というか。 | 外部不経済 |
| ★★★★★★★★・・ | | |
| **36** □□□ | 市場の失敗の1つで、市場を介さずに個人や企業などが得ることのできるプラスの効果を何というか。 | 外部経済 |
| ★★・・・・・・・・ | | |
| **37** □□□ | 原材料費などの生産に直接関係するだけでなく、公害の被害額など外部費用も加えた費用を何というか。 | 社会的費用 |

| ★★★★★★★★★★★☆ | | |
|---|---|---|
| **38**<br>□□□ | 代金支払いの義務がなく、多数の人が同時に消費できる財で、民間部門では供給されないものを何というか。 | 公共財 |

| ★★★★★★★★★☆☆☆ | | |
|---|---|---|
| **39**<br>□□□ | <u>公共財</u>のもつ性質で、同じ財やサービスを複数の人間が同時に同量を消費できることを何というか。 | 非競合性 |

| ★★★★★★★★★☆☆☆ | | |
|---|---|---|
| **40**<br>□□□ | 公共財のもつ性質で、料金を払わない者をその消費から排除できないことを何というか。 | 非排除性 |

| ★★★☆☆☆☆☆☆☆☆☆ | | |
|---|---|---|
| **41**<br>□□□ | 対価を支払わずに、自分のものではない財・サービスを使用・消費する者を何というか。 | 対価を払わない者<br>（フリーライダー） |

| ★★★★★★★★★★★★ | | |
|---|---|---|
| **42**<br>□□□ | 市場における買い手と売り手に保有する情報に差があることを何というか。 | 情報の非対称性 |

| ★★★★☆☆☆☆☆☆☆☆ | | |
|---|---|---|
| **43**<br>□□□ | 情報不足で合理的評価ができず、優良で高価な商品は売れず、質の悪い安価商品が取引される現象を何というか。 | 逆選択 |

| ★★★★★★★★★★☆☆ | | |
|---|---|---|
| **44**<br>□□□ | 一般の個人や法人などが出資し、経営する企業で、民間企業ともいわれるものを何というか。 | 私企業 |

| ★★★★★★★★★★☆☆ | | |
|---|---|---|
| **45**<br>□□□ | 資本所有者が、同時に経営権をもち、個人が出資し、経営する小規模な企業を何というか。 | 個人企業 |

| ★★★★★★★★★★☆☆ | | |
|---|---|---|
| **46**<br>□□□ | 法律上の権利・義務の主体となる法人として、法律により認められた企業を何というか。 | 法人企業 |

| ★★★★★★★★★★☆☆ | | |
|---|---|---|
| **47**<br>□□□ | 株式会社・合資会社・合名会社・合同会社・有限会社など、組合企業以外の<u>法人企業</u>を何というか。 | 会社企業 |

| ★★★★★★★★★★★☆ | | |
|---|---|---|
| **48**<br>□□□ | 信用金庫・農協・漁協・健康保険組合・生活協同組合など、組合員のために事業をおこなう企業を何というか。 | 組合企業 |

| ★★★★★★★★★★★☆ | | |
|---|---|---|
| **49**<br>□□□ | 国営企業・<u>独立行政法人</u>など第一セクターともいわれる国や地方公共団体が経営する企業を何というか。 | 公企業 |

| ★★★★★★★★★☆☆☆ | | |
|---|---|---|
| **50**<br>□□□ | 国や地方公共団体と民間企業の共同出資により、<u>第三セクター</u>とも呼ばれる企業を何というか。 | 公私合同企業 |

| ★★☆☆☆☆☆☆☆☆☆☆ | | |
|---|---|---|
| **51**<br>□□□ | 会社に出資した者を<u>会社法</u>では何というか。 | 社員 |

| ★★★★★★★☆☆☆☆☆ | | |
|---|---|---|
| **52**<br>□□□ | 会社の債務などの責任が、一定額を限度として債務を支払えばよいとするものを何というか。 | 有限責任 |

| | | |
|---|---|---|
| ★★★★★★★★★★ | | |
| **53** □□□ | 家族経営など小規模の会社が多く、出資者が<u>無限責任</u>社員となって経営をおこなう持分会社を何というか。 | <sub>ごうめい</sub><br>合名会社 |
| ★★★★★★★★★★★★ | | |
| **54** □□□ | 出資するだけの<u>有限責任</u>社員と、直接経営にあたる無限責任社員で構成される小規模な会社を何というか。 | <sub>ごうし</sub><br>合資会社 |
| ★★★★★★★★★★★★ | | |
| **55** □□□ | 有限責任社員で構成され、出資比率とは別の自由な設定で利益の<u>配当</u>を実施できる会社を何というか。 | 合同会社 |
| ★★★★★★ | | |
| **56** □□□ | 50人以内の有限責任社員で構成される会社で、現在の会社法では新設できなくなった会社を何というか。 | 有限会社 |
| ★★★★★★★★★★★★ | | |
| **57** □□□ | <u>株式会社</u>における資本の構成単位、持分（社員権）、またはこれを表す株券のことを何というか。 | 株式 |
| ★★★★★★★★★★★★ | | |
| **58** □□□ | <u>取締役</u>や<u>監査役</u>の選任・解任の承認など重要事項がおこなわれる株式会社における最高決定機関を何というか。 | <sub>かぶぬしそうかい</sub><br>株主総会 |
| ★★★★★★★★★★ | | |
| **59** □□□ | 会社が、定期的に所有株式数に応じて利潤を株主に還元する分のことを何というか。 | <sub>はいとう</sub><br>配当 |
| ★★★★ | | |
| **60** □□□ | 一定の基準を満たした株式や債券の取引を<u>証券取引所</u>で認めることを何というか。 | <sub>じょうじょう</sub><br>上場 |
| ★★★ | | |
| **61** □□□ | 土地や固定資産・有価証券などの売却によって生じた資本利得を何というか。 | キャピタル・ゲイン |
| ★ | | |
| **62** □□□ | 配当金など株式や債券などの資産を保有中に得られる収益を何というか。 | インカム・ゲイン |
| ★★★★★★★★★★★ | | |
| **63** □□□ | 株式会社において、株式所有者が分散し、資本所有者と実際の経営者が別になっていることを何というか。 | 所有と経営の分離 |
| ★★★★★★★★★ | | |
| **64** □□□ | <u>株主総会</u>で選任・解任される、株式会社の業務を執行する者や機関を何というか。 | 取締役 |
| ★★★★★★★★ | | |
| **65** □□□ | 取締役の職務の執行を監査し、業務監査と会計監査をおこなって、監査報告を作成する役職を何というか。 | 監査役 |
| ★★★★★★★★ | | |
| **66** □□□ | 企業のもつ総資本のうち、<u>株式</u>の発行、社内留保（<u>内部留保</u>）などの借入金でない資本部分を何というか。 | 自己資本 |

| | | |
|---|---|---|
| **67**<br>□□□ | 企業のもつ資本のうち、銀行からの借り入れや<u>社債</u>など<u>貸借対照表</u>で負債として表記されるものを何というか。 | 他人資本 |
| **68**<br>□□□ | 株式会社において、株主への<u>配当</u>や役員賞与として配分されずに、社内に積み立てられた利潤を何というか。 | 内部留保 |
| **69**<br>□□□ | 会社をつくる際に作成し、会社の組織・運営・活動を定めた根本規則を何というか。 | 定款 |
| **70**<br>□□□ | インターネットを介し、不特定多数の人々から小口資金を効率的に低コストで集める仕組みを何というか。 | クラウドファンディング |
| **71**<br>□□□ | 古代ローマの文芸保護者として知られるマエケナスに由来し、企業による文化・芸術活動の支援を何というか。 | メセナ |
| **72**<br>□□□ | 従業員のボランティアの支援をはじめとした企業などによる公益活動や非営利活動を何というか。 | フィランソロピー |
| **73**<br>□□□ | 経営者が<u>株主</u>の代理人として経営者が適切に会社運営をおこなっているかを監視する仕組みを何というか。 | コーポレート・ガバナンス（企業統治） |
| **74**<br>□□□ | 企業が法律など法令だけでなく、社会的規範や企業倫理をも守ることを何というか。 | コンプライアンス（法令順守） |
| **75**<br>□□□ | 株主だけでなく、従業員・顧客・取引先・金融機関なども含むあらゆる組織の利害関係者を何というか。 | ステークホルダー |
| **76**<br>□□□ | 収益性だけではなく環境・社会・ガバナンス（統治）に配慮した企業に投資することを何というか。 | ESG投資 |
| **77**<br>□□□ | 業務のうち、専門的なものについて、それをより得意とする外部の企業などに委託することを何というか。 | 外注（アウトソーシング） |
| **78**<br>□□□ | 環境や福祉、教育など社会問題の解決を目的として、収益事業に取り組む企業を何というか。 | ソーシャル・ビジネス（社会的企業） |

## ■国民所得と経済成長

| | | |
|---|---|---|
| **1**<br>□□□ | 一年間に国民が新たに生産した財やサービスを市場価格で合計し中間生産物価格を差し引いた、<u>国民総所得</u>(GNI)と同一のものを何というか。 | 国民総生産（GNP） |

| | | |
|---|---|---|
| ★★★★ | 2 □□□ 一年間に国民が新たに生み出した付加価値の合計から<u>固定資本減耗</u>を差し引いたものを何というか。 | 国民純生産(NNP) |
| ★★★★★★★★★★★★★ | 3 □□□ 純粋に国内で生産された財やサービスを推計したものを何というか。 | 国内総生産(GDP) |
| ★★★★★★★★★★★★ | 4 □□□ 一年間に新たに生産された財やサービスの総価値で、国民純生産(NNP)から<u>間接税</u>を引き、政府の<u>補助金</u>を加えたものを何というか。 | 国民所得(NI) |
| ★★★★★★★★★★ | 5 □□□ 産業部門ごとに<u>国民所得</u>を算出したもので、産業別国民所得ともいうものを何というか。 | 生産国民所得 |
| ★★★★★★★★★★ | 6 □□□ <u>雇用者報酬</u>、<u>財産所得</u>など、生産活動に参加した生産要素に対して支払われた所得の合計を何というか。 | 分配国民所得 |
| ★★★★★★★★★ | 7 □□□ 国民所得を支出面からとらえて算出したものを何というか。 | 支出国民所得 |
| ★★★★★★★★★★★ | 8 □□□ 生産・分配・支出のどの側面からみても国民所得は理論的には等しくなるという原則を何というか。 | 三面等価〔の原則〕 |
| ★★★★★★★ | 9 □□□ <u>GDP</u>から環境破壊による損失を差し引いたもので、国連が示した環境面を配慮したGDP指標を何というか。 | グリーンGDP |
| ★★★ | 10 □□□ ブータン憲法にも反映され、生態系、伝統・精神文化、経済的公平性、よい政治の指標による豊かさの概念を何というか。 | GNH(国民総幸福、国民幸福度) |
| ★★★★★★★★★★★★ | 11 □□□ これまでの経済活動でどれだけの富が蓄えられているかを示す指標を何というか。 | ストック |
| ★★★★★★★★★★★ | 12 □□□ 一国における一定時点の<u>実物資産</u>(非金融資産)と<u>対外純資産</u>の合計を何というか。 | 国富 |
| ★★★★★★★★★★ | 13 □□□ 一国の経済状態を表す重要な指標で、国内総生産の年々の増加・減少率のことを何というか。 | 経済成長率 |
| ★★★★★★★★★ | 14 □□□ その年の物価で示した<u>名目経済成長率</u>を、物価指数(<u>GDPデフレーター</u>)によって修正したものを何というか。 | 実質経済成長率 |
| ★★★★★★★★★★★ | 15 □□□ <u>景気変動</u>の波のうち、在庫調整の変動を主因とし、約4年を周期とする短期波動を何というか。 | キチンの波 |

| | | |
|---|---|---|
| ★★★★★★★★★★☆☆ **16** □□□ | 設備投資の変動を主因とし、約10年を周期とする<u>中期波動</u>を何というか。 | ジュグラーの波 |
| ★★★★★★★★★★★☆☆ **17** □□□ | 住宅や工場などの建てかえを主因とし、約20年を周期とする波動を何というか。 | クズネッツの波 |
| ★★★★★★★★★★☆☆☆ **18** □□□ | 技術革新や資源の大規模な開発を主因とし、約50年を周期とする長期波動を何というか。 | コンドラチェフの波 |
| ★★★★★★★★★★★★★ **19** □□□ | 生産の拡大や雇用の増大など、経済活動が活発におこなわれ、経済成長率が上昇する状態を何というか。 | 好況(好景気) |
| ★★★★★★★★★★★★☆ **20** □□□ | 生産の縮小・物価の低迷・雇用や賃金の停滞など、経済活動が停滞し、経済成長率が低下する状態を何というか。 | 不況(不景気) |
| ★★★★★★★★★★★★☆ **21** □□□ | 倒産、株価暴落、失業増大などが拡大し、経済の制御が失われる景気の急激かつ広範囲な後退を何というか。 | 恐慌 |
| ★★★★★★★★★★★★★ **22** □□□ | 貨幣価値が下落し、<u>物価</u>が継続的に上昇する現象を何というか。 | インフレーション(インフレ) |
| ★★★★☆☆☆☆☆☆ **23** □□□ | 人件費や材料費などの費用増加により物価がおし上げられ生じる<u>インフレーション</u>を何というか。 | コスト・プッシュ・インフレーション |
| ★★★★☆☆☆☆☆☆ **24** □□□ | 景気過熱などにより、需要が増加して物価が引き上げられて生じるインフレーションを何というか。 | ディマンド・プル・インフレーション |
| ★★★★★★★★★★★☆ **25** □□□ | スタグネーションとインフレーションとの合成語で、不況下にもかかわらず物価が上昇する現象を何というか。 | スタグフレーション |
| ★★★★★★★★★★★☆ **26** □□□ | 生産過剰や有効需要不足による需給のアンバランスから、物価の下落が継続しておきる現象を何というか。 | デフレーション(デフレ) |
| ★★★★★★★★★☆☆ **27** □□□ | 不況により失業増大や生産縮小が生じ、不況が深刻化し、その影響の悪循環が螺旋状に生じることを何というか。 | デフレスパイラル |

## ■金融機関の働き

| | | |
|---|---|---|
| ★★★★★★★★★★★☆ **1** □□□ | ある経済主体が、ほかの経済主体に貨幣を融通することを何というか。 | 金融 |
| ★★★★★★★★★★★☆ **2** □□□ | 資金を必要とする企業が<u>株式</u>や<u>社債</u>を発行し、資金調達 | 直接金融 |

| | |
|---|---|
| する方式を何というか。 | |
| **3** ☆☆☆☆☆☆☆☆☆☆☆☆<br>□□□ <u>金融機関</u>が仲立ちとなり、預かった預金を企業に貸し出すことによってなされる資金調達の方式を何というか。 | 間接金融 |
| **4** ☆☆☆☆☆☆☆☆☆☆☆☆☆☆<br>□□□ 貨幣の価値が、銀行券と金の交換が可能であることで保証されている貨幣制度を何というか。 | 金本位制度 |
| **5** ☆☆☆☆☆☆☆☆☆☆☆☆☆<br>□□□ 貨幣価値を金などから切り離し、<u>中央銀行</u>が貨幣量の調節を通じて貨幣価値を管理する制度を何というか。 | 管理通貨制度 |
| **6** ☆☆☆☆☆☆☆☆☆☆☆☆☆<br>□□□ <u>日本銀行</u>の発行する紙幣と政府の発行する硬貨からなる法定通貨のことを何というか。 | 現金通貨 |
| **7** ☆☆☆☆☆☆☆☆☆☆☆☆☆☆<br>□□□ <u>普通預金・当座預金</u>など銀行預金のかたちで、支払い手段または購買手段として機能する<u>通貨</u>を何というか。 | 預金通貨 |
| **8** ☆☆☆☆☆☆☆☆☆☆☆☆<br>□□□ 普通預金や<u>定期預金</u>と異なり無利子であり、その引き出しが<u>小切手</u>でおこなわれる預金を何というか。 | 当座預金 |
| **9** ☆☆☆☆☆☆☆☆☆☆☆☆☆<br>□□□ マネーサプライにかわって採用された、国・金融機関以外の民間部門が保有する通貨総量を何というか。 | マネーストック |
| **10** ☆☆☆☆☆☆☆☆☆☆☆☆<br>□□□ <u>日本銀行</u>の機能の1つで、市中金融機関に対し貸付・預金・<u>手形</u>の割引などをおこなうことを何というか。 | 銀行の銀行 |
| **11** ☆☆☆☆☆☆☆☆☆☆☆☆<br>□□□ 日本銀行など<u>銀行券</u>を発行する権限を認められている銀行を何というか。 | 発券銀行 |
| **12** ☆☆☆☆☆☆☆☆☆☆☆☆<br>□□□ 日本銀行の機能の1つで、<u>国庫金</u>の預かり、支出、公債の扱いなどの業務をおこなうことから何というか。 | 政府の銀行 |
| **13** ☆☆☆☆☆☆☆☆☆☆<br>□□□ <u>中央銀行</u>である日本銀行が、日本銀行法にもとづいて発行する現金通貨を何というか。 | 日本銀行券（銀行券） |
| **14** ☆☆☆☆☆☆☆☆☆☆<br>□□□ <u>金融市場</u>のうち、期間が1年未満で資金を融通する市場を何というか。 | 短期金融市場 |
| **15** ☆☆☆☆☆☆☆☆<br>□□□ <u>短期金融市場</u>で、1カ月未満の短期資金の貸借をおこなう、金融機関のみが参加するインターバンク市場を何というか。 | コール市場 |
| **16** ☆☆☆☆☆☆☆☆<br>□□□ 金融機関どうしが無担保で翌日までの期間で短期資金を貸借する短期金融市場の基準となる金利を何というか。 | 無担保コールレート |

| | | |
|---|---|---|
| ★★★★★★★★★★★ 17 ☐☐☐ | クレジットカード会社や信販会社など、預金業務をおこなわず、貸出業務をおこなう金融機関を何というか。 | ノンバンク |
| ★★★★ 18 ☐☐☐ | 莫大（ばくだい）な預金額を有する巨大銀行を何というか。 | メガバンク |
| ★★★★★★★★★★★ 19 ☐☐☐ | 投資家から資金を集め、資産運用の専門家が株式など<u>有価証券</u>に投資・運用する制度や仕組みを何というか。 | 投資信託 |
| ★★★★★★★★★★★ 20 ☐☐☐ | 株式・社債など一定の財産に対し、その価値のあることを表示し、請求権を認めた譲渡可能な証書を何というか。 | 有価証券 |
| ★★★ 21 ☐☐☐ | 相場の変動を利用して、短期間で利益を得ようとする行為を何というか。 | 投機 |
| ★★★★★★★★★★★★ 22 ☐☐☐ | 価格変動による<u>リスク</u>を避けるため開発され、通貨・債券・株式などの<u>金融商品</u>から派生した商品を何というか。 | 金融派生商品（デリバティブ） |
| ★★ 23 ☐☐☐ | 将来の一定の時期に、契約時に決めた値段で商品を引き渡すことを約束する取引を何というか。 | 先物取引 |
| ★★★★★★★★★★★★ 24 ☐☐☐ | ビットコインやイーサリアムなど、現金通貨などの現物のない電子データ資産を何というか。 | 暗号資産（仮想通貨） |
| ★★★★★★★★★★★★ 25 ☐☐☐ | 中央銀行が、貨幣量の調節を通じて、物価・景気・経常収支などに影響を与える政策を何というか。 | 金融政策 |
| ★★★★★★★★★★★★ 26 ☐☐☐ | 景気が過熱している時に、市中の貨幣量を減少させるために中央銀行がおこなう政策を何というか。 | 金融引締〔政策〕 |
| ★★★★★★★★★★★★ 27 ☐☐☐ | 不況対策や内需拡大のために、中央銀行が市中の貨幣量を増加させる政策を何というか。 | 金融緩和（かんわ）〔政策〕 |
| ★★★★ 28 ☐☐☐ | 日銀総裁、副総裁2人、審議委員6人の計9人で構成される日本銀行の最高意思決定機関を何というか。 | 日本銀行政策委員会 |
| ★★★★ 29 ☐☐☐ | かつての<u>公定歩合</u>のことで、中央銀行が市中金融機関に貸し出す利子率を何というか。 | 基準割引率及び基準貸付利率 |
| ★★★★★★★★★★★★ 30 ☐☐☐ | 中央銀行が、国債や手形などの<u>有価証券</u>を市中金融機関と売買することによって、民間資金の調節をはかる金融政策を何というか。 | 公開市場操作（オープン・マーケット・オペレーション） |

| | |
|---|---|
| ★★★★★★★★★☆☆☆ 31 □□□ 金融引締時におこなうオペレーションで、日本銀行が所有する国債などを市中金融機関に売却することで民間の現金通貨を吸収する政策を何というか。 | 売りオペレーション（資金吸収オペレーション） |
| ★★★★★★★★★☆☆☆ 32 □□□ 金融緩和時におこなうオペレーションで、日本銀行が市中金融機関から国債などを購入することで民間へ現金通貨を流出させる政策を何というか。 | 買いオペレーション（資金供給オペレーション） |
| ★★★★★★★★★★☆☆ 33 □□□ 政府や中央銀行が、預金準備率を操作することによって、貨幣量を調節する金融政策を何というか。 | 預金準備率操作 |
| ★★★★★★★★★★★☆ 34 □□□ 買いオペにより、無担保コールレートを実質0％に誘導する金融政策を何というか。 | ゼロ金利政策 |
| ★★★★★★★★★★★☆ 35 □□□ 日銀による買いオペにより、日銀当座預金残高を増額することを目標とすることで資金供給を増加させることをめざした金融緩和政策を何というか。 | 量的緩和政策 |
| ★★★★★★★★★☆☆☆ 36 □□□ 日銀による買いオペにより、マネタリーベースを増加させることでインフレターゲットを達成しようとした金融緩和政策を何というか。 | 量的・質的金融緩和〔政策〕 |
| ★★★★★★★★☆☆☆☆ 37 □□□ 現金通貨と日銀当座預金の合計値で、日本銀行が世の中に直接的に供給するお金のことを何というか。 | マネタリーベース |
| ★★★★★★★★★★☆☆ 38 □□□ 金融緩和政策の1つで、中央銀行が日銀当座預金の名目金利をゼロ以下に設定することを何というか。 | マイナス金利政策 |
| ★★★★★★★☆☆☆☆☆ 39 □□□ 三本の矢(大胆な金融政策・機動的な財政政策・成長戦略)を柱とする安倍内閣の経済政策の総称を何というか。 | アベノミクス |

## ■政府の役割と財政・租税

| | |
|---|---|
| ★★★★★★★★★★★★ 1 □□□ 国や政府関係機関・地方公共団体が、債務者または債務保証者となって発行する債券を何というか。 | 公債 |
| ★★★★★★★☆☆☆☆☆ 2 □□□ 国債の償還と利払いに関わる政府の歳出項目を何というか。 | 国債費 |
| ★★★★★★★★★★☆☆ 3 □□□ 公共事業費など資本的経費にあてるために、財政法第4条によって発行が認められる国債を何というか。 | 建設国債(建設公債) |

| | | |
|---|---|---|
| ★★★★★★★★★★★★<br>**4**<br>☐☐☐ | 経常経費にあてるため、1年限りの特例法によって発行される<u>特例国債</u>ともいわれる国債を何というか。 | 赤字国債(赤字公債) |
| ★★★★★★★★★★★<br>**5**<br>☐☐☐ | ある年度の<u>一般会計</u>歳入に占める国債発行額の割合のことで公債依存度ともいうものを何というか。 | 国債依存度 |
| ★★★★★★★★★★★★<br>**6**<br>☐☐☐ | <u>国債費</u>増額などで、歳出に義務づけられる経費の割合が増え、財政の弾力的運用が困難になることを何というか。 | 財政の硬直化 |
| ★★★★★★<br>**7**<br>☐☐☐ | <u>公債</u>は個人や一般金融機関の資金によって発行しなくてはいけないという原則を何というか。 | 市中消化の原則 |
| ★★★★★★★★★★★★★<br>**8**<br>☐☐☐ | 実質的な財政状況を示す指標の1つで、国債など借金に関わる収入・支出を除いた収支を何というか。 | プライマリー・バランス(基礎的財政収支) |
| ★★★★★ ★★★★★<br>**9**<br>☐☐☐ | 財政支出が財政収入を超過することを何というか。 | 財政赤字 |
| ★★<br>**10**<br>☐☐☐ | 財政赤字を減らすなどのために、増税ではなく歳出削減予算を組み、財政規模を縮小することを何というか。 | 緊縮財政 |
| ★★★★★★★★★★<br>**11**<br>☐☐☐ | 年度当初に組まれる予算で、通常の国家活動のための収入と支出を経理する会計を何というか。 | 一般会計 |
| ★★★★★★★★★★<br>**12**<br>☐☐☐ | 年金特別会計など、特別な事業や資金の運用を必要とする時に設置される会計を何というか。 | 特別会計 |
| ★★★★★★★★★★<br>**13**<br>☐☐☐ | <u>フィスカル・ポリシー</u>ともいう、財政を操作することによっておこなう景気調整政策を何というか。 | 財政政策 |
| ★★★★<br>**14**<br>☐☐☐ | 財政活動をおこなう際、国会など国民の代表の議決が必要であることを何というか。 | 財政民主主義 |
| ★★★★★★★★★★★<br>**15**<br>☐☐☐ | 市場では供給されない公共財を政府が供給し、資源の適切な配分をするという財政の機能の1つを何というか。 | 資源配分機能 |
| ★★★★★★★ ★★★★<br>**16**<br>☐☐☐ | 営利目的の民間企業が投資できない分野に、国などがおこなう<u>社会資本</u>への投資を何というか。 | 公共投資 |
| ★★★★★★★ ★★★★<br>**17**<br>☐☐☐ | サービスや制度などをも広く含んで用いられる概念で、産業や生活の基盤となる社会資本を何というか。 | インフラストラクチャー(インフラ) |
| ★★★★★★★★★★★<br>**18**<br>☐☐☐ | <u>累進課税</u>制度や<u>社会保障</u>制度によって、所得格差を縮小 | 所得の再分配 |

| | | |
|---|---|---|
| | しようとする財政の機能の1つを何というか。 | |
| **19** ☐☐☐ | 所得ではなく、固定資産税や相続税など資産への課税による再分配を何というか。 | 資産の再分配 |
| **20** ☐☐☐ | 裁量的財政政策と、自動安定化装置により景気を安定させる財政の機能の1つを何というか。 | 景気の安定化機能 |
| **21** ☐☐☐ | 累進課税制度や社会保障制度などによる景気を安定させる財政制度上の仕組みを何というか。 | 自動安定化装置(ビルト・イン・スタビライザー) |
| **22** ☐☐☐ | 景気安定のために、財政政策と金融政策が組み合わされておこなわれる経済政策を何というか。 | ポリシー・ミックス |
| **23** ☐☐☐ | 財政資金による政府関係機関や民間企業への投資や融資のことで、かつて第二の予算とも呼ばれたものを何というか。 | 財政投融資(ざいせいとうゆうし) |
| **24** ☐☐☐ | 特殊法人・独立行政法人・地方公共団体など財投機関が発行する債券を何というか。 | 財投機関債 |
| **25** ☐☐☐ | どのような税金を負担するかを、国会が法律を制定するかたちで決定するという原則を何というか。 | 租税法律主義 |
| **26** ☐☐☐ | 同じ経済力の者には、同じ税負担を課すことを何というか。 | 水平的公平 |
| **27** ☐☐☐ | 異なる経済力の者には、累進制などで異なる税負担を課すことを何というか。 | 垂直的公平 |
| **28** ☐☐☐ | 個人が1年間の収入・支出など所得を計算した申告書を税務署へ提出し、所得税額を確定することを何というか。 | 確定申告 |
| **29** ☐☐☐ | 所得税・法人税・相続税・贈与税・事業税など、納税者と税負担者(担税者(たんぜい))が同一の税を何というか。 | 直接税 |
| **30** ☐☐☐ | 個人の所得に対して課せられる税を何というか。 | 所得税 |
| **31** ☐☐☐ | 企業など法人の所得に対して課せられる税を何というか。 | 法人税 |
| **32** ☐☐☐ | 土地、住宅や店舗などの家屋、工場の機械や会社の備品などに課せられる税を何というか。 | 固定資産税 |

★★★★★⋯⋯⋯⋯⋯⋯⋯⋯
| 33 ☐☐☐ | 財産を相続した時に課せられる税を何というか。 | 相続税 |

★★⋯⋯⋯⋯⋯⋯⋯⋯⋯⋯
| 34 ☐☐☐ | 個人からもらった財産に課せられる税を何というか。 | 贈与税 |

★★★★★★★⋯⋯⋯⋯⋯⋯⋯
| 35 ☐☐☐ | <u>消費税</u>など納税者と税負担者（担税者）が異なる税を何というか。 | 間接税 |

★★★★★★★★★★★★★★
| 36 ☐☐☐ | 一般の商品価格に一定の税率を上乗せさせることによって、消費者が負担する<u>間接税</u>を何というか。 | 消費税 |

★★★★★★★★★★★★★★
| 37 ☐☐☐ | 所得が低くなるにつれて、税負担が重くなるような課税のもつ性質を何というか。 | 逆進性 |

★★★★★★★★★★★★⋯⋯
| 38 ☐☐☐ | 標準税率より低く設定された税率を何というか。 | 軽減税率 |

★★★★★★⋯⋯⋯⋯⋯⋯⋯⋯
| 39 ☐☐☐ | 所得税・相続税などに適用される所得が高くなるにつれて、租税率が高くなる課税方式を何というか。 | 累進課税制度 |

★★★⋯⋯⋯⋯⋯⋯⋯⋯⋯⋯⋯
| 40 ☐☐☐ | 給与などの支払いの時に、一定率の金額を支払金額から天引きして納税する方式を何というか。 | 源泉徴収〔方式〕 |

## ❷ 経済活動のあり方と豊かな社会の実現　　用語集 p.172～213

### ■日本経済の歩み

★★★★★★⋯⋯⋯⋯⋯⋯⋯⋯
| 1 ☐☐☐ | 軍事力・軍国主義復活を阻止するためにおこなわれた経済三大改革を柱とする <u>GHQ</u> による改革を何というか。 | 経済の民主化 |

★★★★⋯⋯⋯⋯⋯⋯⋯⋯⋯⋯
| 2 ☐☐☐ | 第二次世界大戦前に、日本経済を支配した<u>コンツェルン</u>を何というか。 | 財閥 |

★★★★★★★★★★★★⋯⋯
| 3 ☐☐☐ | GHQ の指令によっておこなわれた、<u>寄生地主制</u>解体のための二次にわたる改革を何というか。 | 農地改革 |

★★★★★★★★★⋯⋯⋯⋯⋯
| 4 ☐☐☐ | 生産復興のため、限られた資金・資材・労働力を、基幹産業に集中的に投入した戦後の政策を何というか。 | 傾斜生産方式 |

★★★★★★★⋯⋯⋯⋯⋯⋯⋯
| 5 ☐☐☐ | 1948（昭和23）年、均衡予算・徴税強化・融資制限など、インフレを収束するため GHQ が示した対日指令を何というか。 | 経済安定九原則 |

★★★★★★★★★⋯⋯⋯⋯⋯
| 6 ☐☐☐ | 財政の健全化と<u>単一為替レート</u>設定を中心とする GHQ 経済顧問ドッジによる政策を何というか。 | ドッジ・ライン |

| ★★★★★★★☆☆☆☆☆☆ 7 □□□ | 日本税制の基礎となったもので、1949（昭和24）年に日本税制調査団が出した税制に関する勧告を何というか。 | シャウプ勧告 |
|---|---|---|
| ★★★★★★★☆☆☆☆☆☆ 8 □□□ | <u>朝鮮戦争</u>勃発により、アメリカ軍が日本で大量に物資などを調達した需要のことを何というか。 | 特需（特別需要） |
| ★★★★★★★☆☆☆☆☆☆ 9 □□□ | 1956（昭和31）年の『経済白書』のなかで、政府は日本の経済復興は終わったとして書かれた言葉は何か。 | 「もはや戦後ではない」 |
| ★★★★★★★★★★☆☆☆ 10 □□□ | 池田内閣が掲げた長期経済計画で、「10年間で月給が2倍になる」と国民にアピールした政策を何というか。 | 国民所得倍増計画 |
| ★★☆☆☆☆☆☆☆☆☆☆☆ 11 □□□ | 史上始まって以来といわれた1955（昭和30）年11月〜57（昭和32）年6月まで（31カ月）の好況期を何というか。 | 神武景気 |
| ★★★★☆☆☆☆☆☆☆☆☆ 12 □□□ | <u>高度経済成長</u>期、昭和30年代に普及した洗濯機・白黒テレビ・冷蔵庫の3つの<u>耐久消費財</u>を総称して何というか。 | 三種の神器 |
| ★★☆☆☆☆☆☆☆☆☆☆☆ 13 □□□ | 1965（昭和40）年10月から70（昭和45）年7月まで（57カ月）の高度経済成長第2期の好況期を何というか。 | いざなぎ景気 |
| ★★★☆☆☆☆☆☆☆☆☆☆ 14 □□□ | 1970年代に家庭に普及した自動車（car）・カラーテレビ・クーラーのことを総称して何というか。 | 3C |
| ★☆☆☆☆☆☆☆☆☆☆☆☆ 15 □□□ | 自民党の<u>田中角栄</u>が発表した日本の産業構造と地域構造を積極的に改革することをめざした国土開発構想を何というか。 | 列島改造 |
| ★★★★★★★★★★★★☆ 16 □□□ | <u>第4次中東戦争</u>で、OAPEC諸国による石油価格の大幅引上げなどからおきた世界規模の経済危機を何というか。 | 第1次石油危機（オイルショック） |
| ★★★★★★☆☆☆☆☆☆☆ 17 □□□ | <u>イラン革命</u>をきっかけとする原油不足、さらに<u>OPEC</u>の石油の価格引上げでおきた経済危機を何というか。 | 第2次石油危機 |
| ★★★★★★☆☆☆☆☆☆☆ 18 □□□ | 第1次石油危機後の日本の1970年代における20％をこえる物価上昇を何というか。 | 狂乱物価 |
| ★★★★★★★★★★★☆☆ 19 □□□ | 石油危機後の日本で、実質経済成長率がおよそ平均4％の経済成長を続けたことを何というか。 | 安定成長 |
| ★★★★★☆☆☆☆☆☆☆☆ 20 □□□ | 国際競争力をつけた日本が、アメリカへの輸出を増大させたことにより発生した様々な問題を何というか。 | 日米貿易摩擦 |

| | | |
|---|---|---|
| ★★★★★★★☆☆☆☆☆ | | |
| **21** ☐☐☐ | 企業の海外進出にともない、国内の製造業などの産業活動が衰弱化することを何というか。 | 産業〔の〕空洞化 |
| ★★★★★★★★★★★☆ | | |
| **22** ☐☐☐ | 1985（昭和60）年にニューヨークで開催された<u>G5</u>（先進5カ国財務大臣・中央銀行総裁会議）における、ドル安に誘導するための協調介入の合意を何というか。 | プラザ合意 |
| ★★★★★★★★★★★☆ | | |
| **23** ☐☐☐ | <u>プラザ合意</u>による円高誘導によって1986（昭和61）年からおきた輸出産業やその関連企業の不振を何というか。 | 円高不況 |
| ★★★★★★☆☆☆☆☆☆ | | |
| **24** ☐☐☐ | <u>対日貿易赤字</u>が縮小しないため、1989（平成元）年から開催された日米両国による次官級の経済協議を何というか。 | 日米構造協議 |
| ★★★★★★☆☆☆☆☆☆ | | |
| **25** ☐☐☐ | 1993（平成5）年の日米首脳会議で開始が合意され、大局的な経済問題などについて継続された協議を何というか。 | 日米包括経済協議 |
| ★★☆☆☆☆☆☆☆☆☆☆ | | |
| **26** ☐☐☐ | 対外経済摩擦緩和のため、達成すべき目標とされた国内需要が経済成長を牽引する景気拡大を何というか。 | 内需主導型経済 |
| ★★☆☆☆☆☆☆☆☆☆☆ | | |
| **27** ☐☐☐ | 同じ商品やサービスについて、日本国内での価格と、海外での円で換算した価格の比率を何というか。 | 内外価格差 |
| ★★★★★★★★★★☆☆ | | |
| **28** ☐☐☐ | <u>平成景気</u>ともいわれ、低金利政策による「金あまり現象」から泡のように実体以上にふくらんだ経済を何というか。 | バブル経済 |
| ★☆☆☆☆☆☆☆☆☆☆☆ | | |
| **29** ☐☐☐ | 所有者がわかれている土地を、業者が個別に地権者と交渉してまとめて土地を買収することを何というか。 | 地上げ |
| ★★★★★★★☆☆☆☆☆ | | |
| **30** ☐☐☐ | <u>バブル経済</u>崩壊後の1991（平成3）年頃から2000年代の約10年間の経済低迷の期間を何というか。 | 「失われた10年」 |
| ★★☆☆☆☆☆☆☆☆☆☆ | | |
| **31** ☐☐☐ | 「失われた20年」ともいわれる期間中の2002（平成14）年から2008（平成20）年までの戦後最長の「実感なき景気回復」を何というか。 | いざなみ景気 |
| ★★★★★★☆☆☆☆☆☆ | | |
| **32** ☐☐☐ | 金融機関の貸出債権のうち、融資先の倒産などで返済がとどこおっている債権を何というか。 | 不良債権 |
| ★★★★★★★★☆☆☆☆ | | |
| **33** ☐☐☐ | 事業構造の基本的組み換えによる経営革新のことだが、一般に合理化、人員削減として用いられるものを何というか。 | リストラクチャリング（リストラ、企業再構築） |
| ★★★★★★★☆☆☆☆☆ | | |
| **34** ☐☐☐ | 破綻した金融機関の預金者1人当たり、1000万円までの | ペイオフ |

| | | |
|---|---|---|
| | 元本と利息は保護されるという制度を何というか。 | |
| ★★★★<br>35<br>□□□ | 預金者などの保護と信用秩序の維持をおもな目的とする預金保険法にもとづく認可法人を何というか。 | 預金保険機構 |
| ★★★★★<br>36<br>□□□ | <u>自己資本比率</u>が8%をこえない銀行は、国際業務を禁じるという国際的な規制を何というか。 | BIS規制 |
| ★★★★★★★★<br>37<br>□□□ | 金融機関が融資の基準や条件をきびしくした結果、健全な企業までが資金調達できなくなることを何というか。 | 貸し渋り |
| ★★★★★★★<br>38<br>□□□ | 小泉純一郎首相が必要性を訴えた、財政改革・規制改革・特殊法人改革などを指す一連の改革を何というか。 | 構造改革 |
| ★★★★★★★★★★★★<br>39<br>□□□ | 2008年、<u>サブプライム・ローン</u>の損失によるアメリカの証券会社破綻から発した金融危機を何というか。 | リーマン・ショック |
| ★★★★★<br>40<br>□□□ | 1995(平成7)年、淡路島北部を震源とし、神戸を中心とする地域を襲ったM7.3の地震を何というか。 | 阪神・淡路大震災 |
| ★★<br>41<br>□□□ | 他国に様々な投資をして、その金利や配当などで経済を維持する国を何というか。 | 投資立国 |
| ★★<br>42<br>□□□ | 外国からの原材料などを輸入して国内で加工し、製品を輸出して経済を維持する国を何というか。 | 貿易立国 |

## ■産業構造の変化

| | | |
|---|---|---|
| ★★★★★<br>1<br>□□□ | 労働者1人当たりの生産量、または、労働者1人当たりの付加価値額のことを何というか。 | 労働生産性 |
| ★★★<br>2<br>□□□ | ゲルマニウム・シリコンなど電気抵抗の値が、金属と絶縁体との中間である固体物質の総称を何というか。 | 半導体 |
| ★<br>3<br>□□□ | どのような価値を提供すれば市場のニーズを満たせるかを探り、価値を生み出し利益を上げることを何というか。 | マーケティング |
| ★★<br>4<br>□□□ | 消費者から生産者までのものやサービスをつなげ、生産者から消費者へ商品を輸送する機能などを何というか。 | 流通 |
| ★★★★★<br>5<br>□□□ | 一般的にはコリン=クラークの産業分類により諸産業の生産高や就業人口を構成比で表すものを何というか。 | 産業構造 |

★★★☆☆☆☆☆☆☆☆☆☆

| 6 □□□ | アメリカで短期間に発達した小規模小売店を、消費者に便宜を与える店という意味から、何というか。 | コンビニエンスストア |

★★★★★★★☆☆☆☆☆☆☆

| 7 □□□ | 経済が発展するにつれて、第一次産業から第二次産業・第三次産業へ産業構造の比重が移る法則を何というか。 | ペティ・クラークの法則 |

★★★★★★★★★★★☆☆☆

| 8 □□□ | 農業・牧畜業・林業・狩猟業・水産業などの採取産業のこと何というか。 | 第一次産業 |

★★★★★★★★★★★☆☆☆

| 9 □□□ | 鉱業・建設業・製造業など物質的財の生産をおこなう産業のこと何というか。 | 第二次産業 |

★★★★★★★★★★★☆☆☆

| 10 □□□ | 卸売業、小売業、金融・運輸・通信業、公務などサービス生産活動を主体とするすべての業種を何というか。 | 第三次産業 |

★★★★★★★★★★★☆☆☆

| 11 □□□ | 産業が発展するにつれて、産業の中心が第一次産業から第二次産業・第三次産業へと移行することを何というか。 | 産業構造の高度化 |

★★☆☆☆☆☆☆☆☆☆☆☆☆

| 12 □□□ | 労働の資本装備率が低く、労働力に依存する割合の高いこと、またそのような産業を何というか。 | 労働集約型 |

★☆☆☆☆☆☆☆☆☆☆☆☆☆

| 13 □□□ | 第三次産業の占める割合が肥大化し、ほかの産業でも知識・情報などの重要性が大きくなることを何というか。 | 経済のソフト化・サービス化 |

## ■中小企業と農業

★★★★★★★★★★★☆☆☆

| 1 □□□ | 日本の全企業数のうち99.7％を占めている資本金・従業員数が一定数以下の企業を何というか。 | 中小企業 |

★★★★★★★★☆☆☆☆☆☆

| 2 □□□ | 1963（昭和38）年に中小企業の保護・振興のために成立し、その後何度か改正されている法律を何というか。 | 中小企業基本法 |

★★☆☆☆☆☆☆☆☆☆☆☆☆

| 3 □□□ | 2008（平成20）年、「国民生活金融公庫」、「農林漁業金融公庫」、「中小企業金融公庫」が統合され発足したものを何というか。 | 日本政策金融公庫（旧：中小企業金融公庫） |

★★★★★★★★★★☆☆☆☆

| 4 □□□ | 大企業と中小企業のあいだに設備投資率・労働生産性などの格差がみられる日本経済の状態を何というか。 | 経済の二重構造 |

★★★★★★★★★★★☆☆☆

| 5 □□□ | 大企業が中小企業に自社の部品を生産させるなど、生産の一部をほかの企業に分担させることを何というか。 | 下請け |

| | | |
|---|---|---|
| ★★★ | | |
| 6 □□□ | 資本関係や融資関係・人的交流などで、同じグループとされる企業群を何というか。 | 系列企業 |
| ★★ | | |
| 7 □□□ | 発注側の大企業が優越的地位を利用して、受注側の中小企業に不利な取引を強いたりすることを何というか。 | 下請けいじめ |
| ★ | | |
| 8 □□□ | 業績の悪化を契機とし、人員調整・投資縮減・経費節減など経営の合理化を進めることを何というか。 | 減量経営 |
| ★★★★ | | |
| 9 □□□ | 大企業は製品を供給せず、大企業が市場を埋めきれない市場の隙間を埋めていく産業のことを何というか。 | ニッチ(隙間)産業 |
| ★★★★★★★ | | |
| 10 □□□ | 新たな先端技術や従来にない知識集約的なサービスを武器に、活発な事業展開をめざす企業を何というか。 | ベンチャー企業 |
| ★★★★★ | | |
| 11 □□□ | 株式上場していないベンチャー企業に出資して、将来的に大きなリターンをめざす投資会社などを何というか。 | ベンチャー・キャピタル |
| ★ | | |
| 12 □□□ | 教育・福祉・人権などの社会問題への取組を事業として起ち上げる人を指して何というか。 | 社会起業家 |
| ★★ | | |
| 13 □□□ | 法律・市場などの外部環境と自社の資産やブランド力などの内部環境の長短を分析することを何というか。 | SWOT 分析 |
| ★★★★★ | | |
| 14 □□□ | 伝統・在来工業を基礎に、地域集団をなして成立している産業を何というか。 | 地場産業 |
| ★★★ | | |
| 15 □□□ | 経営耕地面積が30a 以上、または農産物販売額が50万円以上の農家を何というか。 | 販売農家 |
| ★★★★ | | |
| 16 □□□ | 65歳未満の農業就労者がいる農家のうち、農業所得が農外所得よりも多い農家を何というか。 | 主業農家 |
| ★★★★ | | |
| 17 □□□ | 65歳未満の農業就労者がいる農家のうち、農業所得が農外所得よりも少ない農家を何というか。 | 準主業農家 |
| ★★★★ | | |
| 18 □□□ | 65歳未満で農業従事日数が60日以上の者がいない農家を何というか。 | 副業的農家 |
| ★ | | |
| 19 □□□ | 世帯内に農業以外の職業をもつ家族がいない農家を何というか。 | 専業農家 |
| ★★ | | |
| 20 □□□ | 農業を営みながら農業以外からの収入を得ている農家を | 兼業農家 |

何というか。

| | | |
|---|---|---|
| ★★★✩✩✩✩✩✩✩ 21 □□□ | 山腹などの傾斜地において、自然の地形を利用して等高線に沿ってつくられた水田の集まりを何というか。 | 棚田 |
| ★★✩✩✩✩✩✩✩✩ 22 □□□ | 山間部などで、65歳以上の人口構成が50％以上となり、公共機関などがとどこおり機能していない集落を何というか。 | 限界集落 |
| ★★✩✩✩✩✩✩✩✩ 23 □□□ | 日本では、国土面積のおよそ7割を占める、平野の外縁部から山間地の地域のことを何というか。 | 中山間地域 |
| ★★★✩✩✩✩✩✩✩ 24 □□□ | かつて農作物を生産していたが、耕作地としては使用されず、また今後の使用も見込まれない土地を何というか。 | 耕作放棄地 |
| ★★★★★★★★✩✩ 25 □□□ | 自国で食料を生産し、供給できる率を何というか。 | 食料自給率 |
| ★★★★★★★★✩✩ 26 □□□ | コメの作づけの制限や、転作などによって、その生産量を減らすことを何というか。 | 減反〔政策〕 |
| ★★★★★★★★✩✩ 27 □□□ | 食料の安定供給確保、農業の持続的発展、農村の振興などを進めるため、1999（平成11）年に制定された法律を何というか。 | 食料・農業・農村基本法（新農業基本法） |
| ★★★★★★★✩✩✩ 28 □□□ | 農業の生産性と所得水準向上のために、1961（昭和36）年に制定された農業政策の基本方針を示した法律を何というか。 | 農業基本法 |
| ★★✩✩✩✩✩✩✩✩ 29 □□□ | 耕作者の農地取得促進・権利を保護することを目的に1952（昭和27）年に制定され、2009（平成21）年に抜本的な改正された法律を何というか。 | 農地法 |
| ★★✩✩✩✩✩✩✩✩ 30 □□□ | 国土の保全、水源の涵養、自然環境の保全、良好な景観の形成など農産物の供給機能以外の機能を何というか。 | 農業の多面的機能 |
| ★★★★★★★✩✩✩ 31 □□□ | すべての人が、必要とする食料を確実に手に入れられる状況をつねに維持することを何というか。 | 食料安全保障 |
| ★★✩✩✩✩✩✩✩✩ 32 □□□ | 1991（平成3）年の GATT の<u>ウルグアイ・ラウンド</u>で決定した日本にかかわるものは何か。 | 牛肉とオレンジの〔輸入〕自由化 |
| ★★✩✩✩✩✩✩✩✩ 33 □□□ | 日本の農業に関して、1993（平成5）年のウルグアイ・ラウンドで合意されたものは何というか。 | コメの自由化 |

| | | |
|---|---|---|
| **34**<br>□□□ | 責任をもって政府がコメを全量買い上げたうえで、流通と価格を管理する制度を何というか。 | 食糧管理制度 |

| | | |
|---|---|---|
| **35**<br>□□□ | 1942（昭和17）年に、食料確保を目的としてつくられ、戦後は、主食であるコメ・ムギを直接管理した法律を何というか。 | 食糧管理法 |

| | | |
|---|---|---|
| **36**<br>□□□ | 自主流通米を基本にし、流通と価格形成を大幅に弾力化した、1995（平成7）年に施行された法律を何というか。 | 新食糧法 |

| | | |
|---|---|---|
| **37**<br>□□□ | 農協法による農事組合法人と、会社法による会社法人に大別される農業を営む法人の総称を何というか。 | 農業法人 |

| | | |
|---|---|---|
| **38**<br>□□□ | 農林漁業が、生産だけでなく食品加工や流通に参入し、生産・加工・流通を一体化する取組みを何というか。 | 六次産業化 |

## ■公害防止と環境保全

| | | |
|---|---|---|
| **1**<br>□□□ | 事業活動や人の活動によって、自然環境・生活環境が悪化したり、破壊されたりすることを何というか。 | 環境破壊 |

| | | |
|---|---|---|
| **2**<br>□□□ | 人為的要因により大気汚染・地盤沈下など生活環境の破壊や、それによって生じる健康の被害を何というか。 | 公害 |

| | | |
|---|---|---|
| **3**<br>□□□ | <u>四大公害</u>の発生を受けて、日本における公害に対する取組を規定した1967（昭和42）年に制定された法律を何というか。 | 公害対策基本法 |

| | | |
|---|---|---|
| **4**<br>□□□ | <u>公害対策基本法</u>の規定による大気汚染・水質汚濁（おせん）（おだく）・土壌（じょう）汚染・騒音（そうおん）・振動・地盤沈下・悪臭（あくしゅう）を何というか。 | 典型七公害 |

| | | |
|---|---|---|
| **5**<br>□□□ | 工場の排煙などに含まれる硫黄（いおう）酸化物・窒素（ちっそ）酸化物などにより、大気が汚染されることを何というか。 | 大気汚染 |

| | | |
|---|---|---|
| **6**<br>□□□ | 工場排水や家庭排水に含まれる有機物質などにより、河川・湖沼・湾などの水が汚染されることを何というか。 | 水質汚濁 |

| | | |
|---|---|---|
| **7**<br>□□□ | 六価（ろっか）クロム汚染など、農薬や廃棄物（はいきぶつ）中に含まれる有害物質によって、土壌が汚染されることを何というか。 | 土壌汚染 |

| | | |
|---|---|---|
| **8**<br>□□□ | 機械・飛行機・自動車・列車の運行などによって発生する音で、周辺住民に不快をもたらす公害を何というか。 | 騒音 |

★★★★★☆☆☆☆☆

**9**
□□□ 地下水のくみ上げなどにより、地表近くの地層が沈下することを何というか。　地盤沈下

★★★★★☆☆☆☆☆

**10**
□□□ 嗅覚という人の感覚に直接知覚される感覚的な公害を何というか。　悪臭

★★★★★☆☆☆☆☆

**11**
□□□ 工場排水による水質汚濁など産業活動によってもたらされる公害を何というか。　産業公害

★★★★★☆☆☆☆☆

**12**
□□□ 明治時代、渡良瀬川上流にある足尾銅山で発生した、日本の「公害の原点」とされる事件を何というか。　足尾銅山鉱毒事件

★★★★★★☆☆☆☆

**13**
□□□ 熊本の水俣病、新潟水俣病、富山のイタイイタイ病、四日市ぜんそくを総称して何というか。　四大公害

★★★★★★★★☆☆

**14**
□□□ 1950年代から、死者を含む多数の被害を出した熊本県で発生した有機水銀中毒を何というか。　水俣病

★★★★★★★★☆☆

**15**
□□□ 三井金属神岡鉱山から流出したカドミウムが原因で、富山県神通川流域で発生した病気を何というか。　イタイイタイ病

★★★★★★★★★☆

**16**
□□□ 工場群からの排煙中の硫黄酸化物などが原因で、三重県四日市市で発生した呼吸器疾患を何というか。　四日市ぜんそく

★★★★★★★☆☆☆

**17**
□□□ 昭和電工鹿瀬工場からの排水が原因とされ、新潟の阿賀野川流域で発生した有機水銀中毒を何というか。　新潟水俣病（阿賀野川水銀中毒）

★☆☆☆☆☆☆☆☆☆

**18**
□□□ 水銀や水銀化合物を使用した製品の製造や輸出入を規制し、国際管理をめざす国際条約を何というか。　水銀に関する水俣条約

★★☆☆☆☆☆☆☆☆

**19**
□□□ 公害対策基本法改正案ほか、公害関係14法案を提出した1970（昭和45）年11月の臨時国会を何というか。　公害国会

★★★☆☆☆☆☆☆☆

**20**
□□□ 有機塩素系溶剤が地下に浸透し地下水汚染が問題になった、IC産業などによる環境汚染を何というか。　ハイテク汚染

★★☆☆☆☆☆☆☆☆

**21**
□□□ 騒音・振動・排出ガスなど都市生活の諸活動にともなって発生する公害を何というか。　都市公害

★☆☆☆☆☆☆☆☆☆

**22**
□□□ 石綿を原因とする塵肺・肺ガンなどによる死亡者の遺族に対する救済金を内容とする法律を何というか。　アスベスト健康被害救済法

★★★★★★★☆☆☆

**23**
□□□ 1971（昭和46）年に環境行政を一本化するために設置され、　環境庁

| | | |
|---|---|---|
| | 2001（平成13）年の省庁再編により<u>環境省</u>になった役所を何というか。 | |
| **24** ☆☆☆☆☆☆☆☆ ▫▫▫ | 環境に著しい影響をおよぼす事業に対して、事前に調査・予測・評価することを何というか。 | 環境アセスメント（環境影響評価） |
| **25** ☆☆ ▫▫▫ | 環境破壊の進行をとめ、生態系の維持をはかり、自然と人間との調和を保つことを何というか。 | 環境保全 |
| **26** ☆☆☆☆☆☆☆☆☆☆☆ ▫▫▫ | 新たな公害や地球環境問題の進展などに対処するため、従来の法を発展的に解消し、1993（平成5）年に公布された環境政策の基本を示した法律を何というか。 | 環境基本法 |
| **27** ☆☆ ▫▫▫ | 公害被害者救済法を引継ぎ、1973（昭和48）年に制定され、水俣病などの健康被害について、その地域・疾患を指定し、患者の救済と補償をおこなった法律を何というか。 | 公害健康被害補償法 |
| **28** ☆☆☆☆☆☆☆☆ ▫▫▫ | 公害を発生させた企業が、損害賠償を含めて公害防止の費用を負担するという公害法の指導原則を何というか。 | 汚染者負担の原則（PPPの原則） |
| **29** ☆☆☆☆☆☆☆ ▫▫▫ | 有害物質の排出量を一定量以下とする規制を何というか。 | 総量規制 |
| **30** ☆☆ ▫▫▫ | エネルギーの安定供給や新エネルギー・省エネルギーの政策を担当する経済産業省の外局を何というか。 | 資源エネルギー庁 |
| **31** ☆☆☆☆ ▫▫▫ | 埋蔵量・生産量・流通量は少ないが、<u>半導体</u>などの高機能化をはかるうえで不可欠な希少金属を何というか。 | レアメタル |
| **32** ☆ ▫▫▫ | 都市部で廃棄された携帯電話などから回収して再利用される<u>レアメタル</u>などの金属資源を何というか。 | 都市鉱山 |
| **33** ☆☆ ▫▫▫ | 食料輸入国が輸入している農・畜産物を、自国で生産する場合に必要とする水の量を推定したものを何というか。 | バーチャルウォーター |
| **34** ☆☆ ▫▫▫ | 現在の技術と経済的コストで採掘可能な地下資源が、どれほど残されているかを示す量を何というか。 | 確認埋蔵量 |
| **35** ☆☆☆ ▫▫▫ | 国内における<u>一次エネルギー</u>供給に占める国内産出の割合を何というか。 | エネルギー自給率 |
| **36** ☆☆ ▫▫▫ | 電力の流れを供給側・需要側の両方から制御し、最適化できる次世代送電網を何というか。 | スマートグリッド |
| **37** ☆☆ ▫▫▫ | ITの先端技術を活用して、エネルギーを効率よく利用 | スマートシティ |

しようとする新しいタイプの都市を何というか。

| | | |
|---|---|---|
| ★★★★★★★★★★★☆☆ | | |
| 38 □□□ | 太陽光・風力・水力などの<u>自然エネルギー</u>のような、半永久的に使うことができるエネルギーを何というか。 | 再生可能エネルギー |
| ★★★★★★☆☆☆☆☆☆☆ | | |
| 39 □□□ | 石炭から石油・天然ガスへなど、使用するエネルギー資源に対する需要上の大きな変革を何というか。 | エネルギー革命 |
| ★★★☆☆☆☆☆☆☆☆☆☆ | | |
| 40 □□□ | 現在のエネルギー消費の中心である石油などにかわるエネルギーを何というか。 | 代替エネルギー |
| ★★★★★☆☆☆☆☆☆☆☆ | | |
| 41 □□□ | 地質時代の動植物が枯死したものに由来する石油・石炭・天然ガスなどのことを何というか。 | 化石燃料 |
| ★★★☆☆☆☆☆☆☆☆☆☆☆ | | |
| 42 □□□ | 地下深くの頁岩層から採取される原油を何というか。 | シェールオイル |
| ★★★★★★★★☆☆☆☆☆ | | |
| 43 □□□ | 原子炉のなかの核分裂反応により熱蒸気を発生させ、タービンをまわす発電形式を何というか。 | 原子力発電 |
| ★★★★★★★★★★★☆☆ | | |
| 44 □□□ | イラクや北朝鮮への核査察をおこなった原子力の平和利用のための国際機構を何というか。 | 国際原子力機関（IAEA） |
| ★★★★★★★★☆☆☆☆☆ | | |
| 45 □□□ | 2011(平成23)年3月11日、東北地方太平洋沖を震源とする大地震を何というか。 | 東日本大震災 |
| ★★☆☆☆☆☆☆☆☆☆☆☆ | | |
| 46 □□□ | ガソリンエンジンと電気モーターの組み合せなどの複数の動力源をもつ車を何というか。 | ハイブリッドカー |
| ★★☆☆☆☆☆☆☆☆☆☆☆ | | |
| 47 □□□ | 従来の乾電池などとは異なり、水素と酸素を化学反応させて電力を取り出そうとするものを何というか。 | 燃料電池 |
| ★★★★☆☆☆☆☆☆☆☆☆ | | |
| 48 □□□ | 地下に存在する高温の熱水から噴出する蒸気の熱エネルギーを利用して、発電をおこなうことを何というか。 | 地熱発電 |
| ★★★★☆☆☆☆☆☆☆☆☆ | | |
| 49 □□□ | 動植物に由来する有機性資源で、化石資源を除いたものによるエネルギーを何というか。 | バイオマスエネルギー |
| ★☆☆☆☆☆☆☆☆☆☆☆☆ | | |
| 50 □□□ | エンジンやタービンなどの排熱を利用して、そのエネルギーを動力や熱に利用するシステムを何というか。 | コージェネレーション |
| ★☆☆☆☆☆☆☆☆☆☆☆☆ | | |
| 51 □□□ | すべての産業廃棄物を再利用することで、廃棄物が出ないもののつくり方をめざす構想を何というか。 | ゼロエミッション |

★★★★★★★☆☆☆☆☆
**52** 「3Rの原則」を採用し、廃棄物とリサイクル問題に対処するため2000年に制定された法律を何というか。 | 循環型社会形成推進基本法

## ■労働問題と雇用

★★★★★★★★★★★★
**1** 労働者が労働条件について、使用者と対等に交渉するために労働組合を組織し加入する権利を何というか。 | 団結権

★★★★★★★★★★★★
**2** 労働者が自分たちの選んだ代表者を通じて、使用者と労働条件の維持・改善について交渉する権利を何というか。 | 団体交渉権

★★★★★★★★★★★★
**3** 労働者が労働条件の維持・改善を実現するために、使用者に対して争議行為をする権利を何というか。 | 団体行動権

★★★★★★★★★☆☆☆
**4** 労働組合が集団で働くことをやめ、使用者に対して圧力を加える同盟罷業ともいう争議手段を何というか。 | ストライキ

★★☆☆☆☆☆☆☆☆☆☆
**5** 故意に仕事を停滞させるなどして、経営者に対して損害を与える争議手段を何というか。 | サボタージュ（怠業）

★★☆☆☆☆☆☆☆☆☆☆
**6** 公共の場所で集団でプラカードなどを掲げて行進し、みずからの主張や思想を示す行為を何というか。 | デモ

★★☆☆☆☆☆☆☆☆☆☆
**7** 争議行為の参加者が、職場付近で見張りをし、組合員および使用者・非組合員・顧客らの第三者に働きかける戦術を何というか。 | ピケッティング（座りこみ）

★★☆☆☆☆☆☆☆☆☆☆
**8** 労働組合のストライキなどに対抗する行為として、使用者が作業所を閉鎖する争議行為を何というか。 | ロックアウト（作業所閉鎖）

★★★★★★★★★★★★
**9** 労働者にとって不利な労働条件にならないよう、賃金などの労働条件の最低条件を定めた法律を何というか。 | 労働基準法

★★★★★☆☆☆☆☆☆☆
**10** 賃金・労働時間・休暇などの労働条件や服務に関する事項などを定めた規則の総称を何というか。 | 就業規則

★★☆☆☆☆☆☆☆☆☆☆
**11** 労働基準法で定められている労働時間を何というか。 | 法定労働時間

★★★★★★★★★★★★
**12** 労働三権の具体的内容を明らかにし、不当労働行為の禁止や労働協約などについて規定した法律を何というか。 | 労働組合法

★★★★★★★★★★★☆
**13** 労使関係の紛争処理について定めた法律を何というか。 | 労働関係調整法

| | | |
|---|---|---|
| **14**<br>□□□ | 労働者保護のために設けられ、企業が労働基準法違反をしないように監督する中央機関を何というか。 | 労働基準局 |
| **15**<br>□□□ | 都道府県に設置され、企業と労働者のあいだに入って、労働者の環境を改善する役割をもつ機関を何というか。 | 労働局 |
| **16**<br>□□□ | 労働基準法などにもとづき労働条件の確保や改善指導などをおこなう<u>労働局</u>により管轄される監督機関を何というか。 | 労働基準監督署 |
| **17**<br>□□□ | 労働者と使用者とが、賃金やその他の労働条件について合意して、労働力の提供を約束する契約を何というか。 | 労働契約 |
| **18**<br>□□□ | 勤務時間が一定ではなく、企業が示す時間帯のなかで勤務時間を変更できる勤務形態を何というか。 | フレックスタイム〔制〕 |
| **19**<br>□□□ | 割増賃金をともなわない時間外労働や休日労働で、手当ての支給がない残業を何というか。 | サービス残業 |
| **20**<br>□□□ | 育児や家族介護をおこなう労働者の職業生活と家庭生活の両立を目的とした総合的な内容の法律を何というか。 | 育児・介護休業法 |
| **21**<br>□□□ | 業務上の疲労が原因で死亡することを何というか。 | 過労死(Karōshi) |
| **22**<br>□□□ | 会社の上司などがその地位を利用して、部下に高圧的にふる舞ったり、人格攻撃したりすることを何というか。 | パワー・ハラスメント |
| **23**<br>□□□ | 必要な期間だけ必要な技能をもつ労働者を、企業に派遣する事業に関して、1985(昭和60)年に成立した法律を何というか。 | 労働者派遣法 |
| **24**<br>□□□ | <u>非正規社員</u>の1つで、雇用期間の定めのある有期労働契約を結んだ社員を何というか。 | 契約社員 |
| **25**<br>□□□ | 通常労働者の週の所定労働時間に比べて短い労働勤務で、一般には時間単位で働く労働者を何というか。 | パート労働者(パートタイマー) |
| **26**<br>□□□ | 同一の仕事に従事する労働者に対しては、等しく同一水準の賃金が支払われるべきとする考え方を何というか。 | 同一労働同一賃金 |
| **27**<br>□□□ | 同一産業における労働条件などの共通性を基礎に組織された労働組合の形態を何というか。 | 産業別労働組合 |

| | | |
|---|---|---|
| ★★★★★★★★★★★★★★ | | |
| **28** □□□ | 日本の組合の大部分がこの形態をとり、企業または事業所別に組織された組合を何というか。 | 企業別労働組合 |
| ★★★★★★★★★★★★★★ | | |
| **29** □□□ | <u>就業規則</u>や<u>労働契約</u>よりも優先する法的効力をもち、労働組合と使用者が労働条件などを明文化した合意を何というか。 | 労働協約 |
| ★★★★★★★★★★★★ | | |
| **30** □□□ | 使用者が組合活動に干渉したり、組合員に対して差別的な扱いをしたりする行為などを何というか。 | 不当労働行為 |
| ★★★★★★★★★★★★ | | |
| **31** □□□ | 労使間の紛争を解決するため、<u>斡旋・調停・仲裁</u>をおこなう行政委員会を何というか。 | 労働委員会 |
| ★★★★★★★★ | | |
| **32** □□□ | 一般職国家公務員の給与、その他の勤務条件の改善などの事務をつかさどる中央人事行政機関を何というか。 | 人事院 |
| ★★★★★★★★★★★ | | |
| **33** □□□ | 労働者自身の業績などにあまり関係なく、年齢や勤続年数に応じて賃金が上昇していく制度を何というか。 | 年功序列型賃金〔制〕 |
| ★★★★★★ | | |
| **34** □□□ | 個人の目標達成度や利益への貢献度などの業績で、年間給与を決定していく方式を何というか。 | <ruby>年俸<rt>ねんぼう</rt></ruby>制 |
| ★★★★ | | |
| **35** □□□ | 仕事を求める人の人数に対する有効求人数の比率を何というか。 | 有効求人倍率 |
| ★★★★★★★★★★★★ | | |
| **36** □□□ | 企業が新規学卒者を正規の従業員として雇い、特別の事情がない限り、定年まで雇用する慣行を何というか。 | 終身雇用制 |
| ★★★★★★★★★★★★ | | |
| **37** □□□ | 日本的経営方式とも呼ばれる<u>終身雇用制・年功序列型賃金・企業別労働組合</u>を何というか。 | 日本的雇用慣行 |
| ★★★★★★★★★★ | | |
| **38** □□□ | 従業員1人当たりの労働時間を減らして、その分、雇用を増やしたり維持したりする仕組みを何というか。 | ワーク・シェアリング |
| ★★★★★★★★★★★★ | | |
| **39** □□□ | 実際の労働時間とは関係なく、あらかじめ定められた時間を労働時間とみなす制度を何というか。 | 裁量労働〔時間〕制 |
| ★★★★★★★★★ | | |
| **40** □□□ | 仕事についていて収入はあるものの、生活保護の水準以下の収入しか得られない層の人たちを何というか。 | ワーキング・プア |
| ★★★★ | | |
| **41** □□□ | 一定の年収を満たす専門性を有する労働者について、労働時間にもとづいた制限を撤廃する制度を何というか。 | 高度プロフェッショナル制度 |

| | | |
|---|---|---|
| ★★★★★☆☆☆☆☆☆ 42 □□□ | 1週間当たりの労働時間が<u>法定労働時間</u>をこえない範囲内において、一定の期間内に法定労働時間をこえた労働を可能とする制度を何というか。 | 変形労働時間制 |
| ★★★★★★★★★☆☆☆ 43 □□□ | <u>所得格差</u>の程度を表す指数で、0から1の数値で示され、1に近いほど格差が大きいことを示す指数を何というか。 | ジニ係数 |
| ★★☆☆☆☆☆☆☆☆☆☆ 44 □□□ | 世帯を所得の低い順に並べ、横軸に世帯、縦軸に所得の累積比をとり、世帯間の所得分布をグラフに表したものを何というか。 | ローレンツ曲線 |
| ★★★★☆☆☆☆☆☆☆☆ 45 □□□ | 就労や資産の有無にかかわらず、無条件にすべての人に必要最低限な所得を給付することを何というか。 | ベーシック・インカム |
| ★★★★★★★☆☆☆☆☆ 46 □□□ | 国民一人ひとりの所得を順番に並べ、中央値の半分より低い人の割合のことで、格差を示す指標を何というか。 | 相対的貧困率 |
| ★★★☆☆☆☆☆☆☆☆☆ 47 □□□ | 長時間労働の解消など、個々の事情に応じた多様で柔軟な働き方を選択できるようにする改革を何というか。 | 働き方改革 |
| ★★★★☆☆☆☆☆☆☆☆ 48 □□□ | 不法入国・不法在留の罰則などが定められ、出入国するすべての人に適用される法律を何というか。 | 出入国管理法 |
| ★★☆☆☆☆☆☆☆☆☆☆ 49 □□□ | 出身国での習得困難な技能・技術などの移転をはかり、「人づくり」のために雇用関係を結ぶ制度を何というか。 | 外国人技能実習制度 |
| ★★★★★★☆☆☆☆☆☆ 50 □□□ | 国際連盟の発足以来活動し、現在も労働条件の国際的規制などを担う国際的な公機関を何というか。 | 国際労働機関(ILO) |

## ■ 社会保障

| | | |
|---|---|---|
| ★★★★★★☆☆☆☆☆☆ 1 □□□ | 1601年のイギリスで、救貧税を集め、病気や高齢などにより労働能力のない貧民を救済した法律を何というか。 | エリザベス救貧法 |
| ★★★★★★★★★☆☆☆ 2 □□□ | 疾病保険法など<u>社会保険法</u>を制定したドイツ帝国の初代首相はだれか。 | ビスマルク |
| ★★★★★★☆☆☆☆☆☆ 3 □□□ | 1935年、<u>ニューディール政策</u>の一環として、アメリカで制定された社会保障関係の法律を何というか。 | 社会保障法 |
| ★★★★★★★★★★☆☆ 4 □□□ | 1942年のイギリスで、「<u>ゆりかごから墓場まで</u>」というスローガンがとなえられた報告を何というか。 | ベバリッジ報告 |

| | | |
|---|---|---|
| ★★<br>**5**<br>☐☐☐ | 2010年に3000万人以上の無保険者を解消するためにアメリカで成立した医療保険改革法を何というか。 | オバマケア |
| ★★★<br>**6**<br>☐☐☐ | <u>租税</u>を中心とした財源で、均一拠出・均一給付で、国民の最低限の生活を保障する社会保障制度を何というか。 | イギリス・北欧型（租税方式、租税中心型） |
| ★★★★<br>**7**<br>☐☐☐ | 費用は保険料で<u>社会保険</u>を中心とし、給付は所得比例方式を採用する社会保障制度を何というか。 | ヨーロッパ大陸型（保険方式、社会保険中心型） |
| ★★★★★★★★<br>**8**<br>☐☐☐ | 国民所得に対する<u>租税負担率</u>と、<u>社会保障負担率</u>を合計したものを何というか。 | 国民負担率 |
| ★★★★★★★★★★★★★★<br>**9**<br>☐☐☐ | 将来の疾病に対する費用を軽減するために設けられた保険を何というか。 | 医療保険 |
| ★★★★★★★★★★★★<br>**10**<br>☐☐☐ | 被用者を対象とした<u>医療保険</u>の適用を受けない一般住民を対象とした医療保険を何というか。 | 国民健康保険 |
| ★★★★★★★★★★★★★<br>**11**<br>☐☐☐ | 1961（昭和36）年に達成された、国民全体で医療費を応能負担し、全国民がいずれかの医療保険に加入する制度を何というか。 | 国民皆保険〔制度〕 |
| ★★★★★★★★★★★★<br>**12**<br>☐☐☐ | <u>年金保険</u>のうち、満20歳以上満60歳未満のすべての国民が加入する基礎年金を何というか。 | 国民年金 |
| ★★★★★★★★★★★★<br>**13**<br>☐☐☐ | 原則として満20歳以上満60歳未満のすべての国民が<u>公的年金</u>に加入する制度を何というか。 | 国民皆年金〔制度〕 |
| ★★★<br>**14**<br>☐☐☐ | 高齢化や現役人口の減少などの社会情勢にあわせて、<u>年金</u>の給付水準を自動的に調整する仕組みを何というか。 | マクロ経済スライド |
| ★★★★★★★★★<br>**15**<br>☐☐☐ | 在職中の報酬に比例して算出され、基礎年金の上乗せ分を担う、被用者を対象とする年金制度を何というか。 | 厚生年金 |
| ★★★★★★★★★★★★★<br>**16**<br>☐☐☐ | 被保険者が、みずから積み立てた保険料を資金とする年金給付の方法を何というか。 | 積立方式 |
| ★★★★★★★★★★★★<br>**17**<br>☐☐☐ | 現役世代がおさめた保険料を、その時点での高齢者に支払う方式を何というか。 | 賦課方式 |

★★★
**18** ☐☐☐ アメリカの401条K項による企業年金制度にならって導入された公的年金以外の私的年金制度を何というか。 | 確定拠出型年金制度（日本版401K）

★★★★★★★★★★★★
**19** ☐☐☐ <u>失業</u>した場合に、一定期間の所得を保障することによって、労働者の生活を保障しようとする保険を何というか。 | 雇用保険

★★★★★★★★★★★
**20** ☐☐☐ 労働者の業務や通勤における負傷・疾病の治療や死亡などに対して、必要な保険を給付する制度を何というか。 | 労働者災害補償保険（労災保険）

★★★★★★★★★★★
**21** ☐☐☐ 予想される危険や損害の発生に備え、被害の回避や最小限化をはかるために準備される仕組みを何というか。 | セーフティネット

★★★★★★★★★★★★
**22** ☐☐☐ 満65歳以上の介護を必要とする高齢者がおもな被保険者で、保険料は満40歳以上の者が支払う社会保険を何というか。 | 介護保険

★★★★★
**23** ☐☐☐ 政府によって国民全員に保障されるべき、最低限の<u>公共サービス</u>の水準を何というか。 | ナショナル・ミニマム

★★★★★★★★★★★★
**24** ☐☐☐ 貧困におちいった人々に対し、国と地方公共団体が生活扶助など最低限度の生活を保障する制度を何というか。 | 公的扶助

★★★
**25** ☐☐☐ 日本における障がい者のための施策に関する基本的な事項を定めた法律を何というか。 | 障害者基本法

★★★★★★★★★★★★
**26** ☐☐☐ 健康増進、疾病予防、生活の質の向上などを目的として事業をおこなう社会保障制度を何というか。 | 公衆衛生

★★★★★★★★★★★
**27** ☐☐☐ 高齢者や障がい者なども、健常者と同様の生活をおこなえるようにする現代福祉の根本的思想を何というか。 | ノーマライゼーション

★★★★★★★★★★
**28** ☐☐☐ 障がい者や高齢者が施設を利用する時に不便がないように、段差や仕切りなどを設けないことを何というか。 | バリアフリー

★★★★★★★★★★
**29** ☐☐☐ <u>バリアフリー</u>社会を実現するため、だれでも利用可能なように建物などをデザインすることを何というか。 | ユニバーサルデザイン

★★★
**30** ☐☐☐ 4年に一度開催される障がい者を対象とした世界最高峰の障がい者スポーツの総合競技大会を何というか。 | パラリンピック

★★★
**31** ☐☐☐ 満65歳以上の高齢者が占める割合が高く、国連の基準では、<u>高齢化率</u>が7％をこえる社会を何というか。 | 高齢化社会

| | | |
|---|---|---|
| ★★★★★ | **32** □□□ 高齢化率が14％をこえた社会のことを何というか。 | 高齢社会 |
| ★★★ | **33** □□□ 高齢化率が21％をこえた社会のことを何というか。 | 超高齢社会 |
| ★★★★★ | **34** □□□ 医療費適正化のために、満75歳以上を「後期高齢者」とし、2008（平成20）年に開始した医療保険制度を何というか。 | 後期高齢者医療制度 |
| ★★★★ | **35** □□□ 要介護認定を受けた障がい者など介護を必要とする人が利用できるサービスを何というか。 | 介護サービス |
| ★★★★★★ | **36** □□□ 成年であっても認知症など判断能力が不十分な人にかわって、後見人が財産などを管理する制度を何というか。 | 成年後見制度 |
| ★★★★★ | **37** □□□ 一般に、男性による妻や恋人に対する暴力を何というか。 | ドメスティック・バイオレンス（DV） |
| ★★★★★★★★★★ | **38** □□□ 15〜49歳の全女性の年齢ごとの出生数を当該年齢の女性人口で割った出生率を合計した数値を何というか。 | 合計特殊出生率 |
| ★★★★★★★★★ | **39** □□□ 0歳児が平均して何年生きられるか、もしくは0歳児の平均余命を指して何というか。 | 平均寿命 |
| ★★ | **40** □□□ 2021年に政策変更がされたが、1979年から中国が実施していた人口抑制政策を何というか。 | 一人っ子政策 |
| ★★★★ | **41** □□□ 性と生殖に関して身体的・精神的・社会的に良好なことで、女性が自己決定権をもつことを何というか。 | リプロダクティヴ・ヘルス／ライツ |
| ★★ | **42** □□□ 高齢人口、老齢人口ともいう、満65歳以上の高齢者の人口を何というか。 | 老年人口 |
| ★★★★★ | **43** □□□ 満15歳以上〜65歳未満で、一般に労働に従事できる年齢の人口を何というか。 | 生産年齢人口 |
| ★★★★ | **44** □□□ 縦軸に年齢、横軸に年齢ごとの人口数を表し、年齢別・性別人口構成を示すグラフを何というか。 | 人口ピラミッド |

第4章 **国際社会で生きるわたしたち**

## ❶ 国際政治の動向と課題 用語集 p.214〜247

### ■国際社会における政治と法

| | | |
|---|---|---|
| ★★★★★★★★★★★★★<br>**1**<br>□□□ | 人民と領域に対する国家のもつ統治権、対内的に最高で対外的には独立した権力、国家のあり方を最終的に決定する権力という3つの意味をもつ権力を何というか。 | 主権 |
| ★★★★★★★★★★★★★<br>**2**<br>□□□ | 国家の三要素の1つで、領土・領海・領空からなる、<u>主権</u>のおよぶ範囲のことを何というか。 | 領域 |
| ★★★★★★★★★★★★<br>**3**<br>□□□ | 国家の三要素をもつ、近代の国家形態を何というか。 | 主権国家 |
| ★★★★★★★★★★★☆<br>**4**<br>□□□ | 1648年、<u>三十年戦争</u>の戦後処理のために開かれた会議で締結された講和条約を何というか。 | ウェストファリア条約 |
| ★★★★★★★★★☆☆☆<br>**5**<br>□□□ | 各国が同程度の力をもち、相互に攻撃ができない状況をつくり出すことで国際社会の秩序を保とうとする考え方を何というか。 | 勢力均衡(力の均衡、バランス・オブ・パワー) |
| ★★★★★★★★★★☆☆<br>**6**<br>□□□ | 諸国家が守ることを暗黙のうちに了承してきた<u>国際法</u>を何というか。 | 国際慣習法(慣習国際法) |
| ★★★★★★★★★☆☆☆<br>**7**<br>□□□ | 戦争だからといっていかなる残虐な行為でも許されるわけではないことをとなえた<u>グロチウス</u>の著作は何か。 | 『戦争と平和の法』 |
| ★★★★☆☆☆☆☆☆☆☆<br>**8**<br>□□□ | 海洋に関する国際法の基本原則を説いたグロチウスの著作は何か。 | 『海洋自由論』 |
| ★★★★★★★★★☆☆☆<br>**9**<br>□□□ | <u>公海</u>は、あらゆる国の船舶が航行・漁業の自由を保障されている原則を何というか。 | 公海自由の原則 |
| ★★★★★★★★★★☆☆<br>**10**<br>□□□ | 海洋法に関する国際ルールづくりを進めるために、国際連合海洋法会議で採択された条約を何というか。 | 国際海洋条約 |
| ★★★★☆☆☆☆☆☆☆☆<br>**11**<br>□□□ | 1国の国内政治・経済・社会体制には、外国が干渉してはならないという原則を何というか。 | 内政不干渉 |
| ★★★★★★★★★★★★<br>**12**<br>□□□ | 国連海洋法条約によって定められた、<u>排他的経済水域</u>の範囲は何か。 | 200海里 |

| | | |
|---|---|---|
| ★★ | | |
| **13** | 国家主権がおよんでいない場所で、最初にみつけて所有意思を明らかにした者に帰属する考え方を何というか。 | 無主地の先占 |
| ★★★★★★★★★★★★★ | | |
| **14** | 領海の基線から200海里以内の水域で沿岸国に対して漁業および鉱物資源の排他的管轄と海洋汚染を規制する権限を認める制度を何というか。 | 排他的経済水域（EEZ） |
| ★★★★★ | | |
| **15** | 領海から12海里以内の排他的経済水域内で国内法違反を防止するため沿岸国の規制を認めた水域を何というか。 | 接続水域 |
| ★★★★★★★★★★★★★ | | |
| **16** | 1948年の第3回国連総会で採択された国連加盟国が達成すべき共通の人権基準の宣言を何というか。 | 世界人権宣言 |
| ★★★★★★★★★★★★ | | |
| **17** | 世界人権宣言を具体化し、その実現を義務づけるために法的拘束力をもたせた国際条約を何というか。 | 国際人権規約 |
| ★★★★ | | |
| **18** | 国際人権規約の「経済的、社会的及び文化的権利に関する規約」のことを何というか。 | 国際人権規約A規約（社会権規約） |
| ★★★★★ | | |
| **19** | 国際人権規約の「市民的及び政治的権利に関する規約」を何というか。 | 国際人権規約B規約（自由権規約） |
| ★★★★★★★★★ | | |
| **20** | 締約国は死刑を廃止するというもので、国際人権規約の自由権（B規約）に含まれる第2選択議定書を何というか。 | 死刑廃止条約 |
| ★★★★★★★★★ | | |
| **21** | 国民や民族的・人種的・宗教的集団を迫害し、殺害することを何というか。 | ジェノサイド |
| ★★★ | | |
| **22** | 1901年にオランダのハーグに設立された世界初の国際裁判所を何というか。 | 常設仲裁裁判所 |
| ★★★★★★★★★★★★ | | |
| **23** | 国際連盟時代の常設国際司法裁判所を引き継いだ機関で、1945年に設置された国際連合の主要機関を何というか。 | 国際司法裁判所（ICJ） |
| ★★★★★★★★★★★★ | | |
| **24** | 国際社会全体に関わる重大犯罪をおかした個人を国際法にもとづき訴追・処罰するため設立された機関を何というか。 | 国際刑事裁判所（ICC） |
| ★★★★★★★★★ | | |
| **25** | 歯舞・色丹・国後・択捉の北方領土4島がソ連、ロシアにより継続して不法に占拠されている問題を何というか。 | 北方領土問題 |
| ★★★★★★★★★★★★ | | |
| **26** | 隠岐諸島北西の日本海上に位置する群島で、韓国が領有権を主張している日本の領土を何というか。 | 竹島 |

★★★★★★★★★★★★
**27** □□□
沖縄県石垣市にある島々の総称で、2012（平成24）年には国有化されたが、中国との緊張関係が続いている領土を何というか。

尖閣諸島

★★★★★★★★★☆☆☆
**28** □□□
1989年の国連総会により全会一致で採択された、子どもの人権を包括的に定めた条約を何というか。

子どもの権利条約（児童の権利条約）

★★★★☆☆☆☆☆☆☆☆
**29** □□□
紛争地域などで、戦闘に従事している満15歳以下の子どものことを何というか。

チャイルドソルジャー

★★★★★★★★★★★☆
**30** □□□
1965年の国連総会で採択された、あらゆる種類の人種差別の撤廃と人種間の理解を目的とする条約を何というか。

人種差別撤廃条約

★★★★★★★★★★★★
**31** □□□
南アフリカ共和国において続いていた、白人以外の人種に対する極端な人種差別・人種隔離政策を何というか。

アパルトヘイト（人種隔離政策）

★★★★☆☆☆☆☆☆☆☆
**32** □□□
アパルトヘイト撤廃運動を展開し、南アフリカ共和国最初の黒人大統領に選出された黒人解放運動家はだれか。

ネルソン＝マンデラ

★☆☆☆☆☆☆☆☆☆☆☆
**33** □□□
世界人権宣言・国際人権規約・子どもの権利条約などを起草した、経済社会理事会の補助機関を何というか。

国連人権委員会

★★★★★★★★★★★☆
**34** □□□
1979年の国連総会で採択された女性差別や性役割論の克服を掲げた条約を何というか。

女性差別撤廃条約（女子差別撤廃条約）

★★★★☆☆☆☆☆☆☆☆
**35** □□□
障がい者の固有の尊厳の尊重を促進するための取組みを締約国に対して求めている条約を何というか。

障害者権利条約

★★☆☆☆☆☆☆☆☆☆☆
**36** □□□
言論・思想、宗教、人種、性などを理由に不当に逮捕された人々のことを何というか。

良心の囚人

★★★★☆☆☆☆☆☆☆☆
**37** □□□
戦争のない状態で、かつ政治・経済の安定・公正な法の執行・人権尊重・福祉充実などが満たされた状態を、平和学者のガルトゥングは何と呼んだか。

積極的平和

## ■国家安全保障と国際連合

★★☆☆☆☆☆☆☆☆☆☆
**1** □□□
常備軍の全廃、諸国家の民主化、平和のための国際的な連合の創設などを提起したカントの著作は何か。

『永遠平和のために』

★★★★★★★★★★☆☆
**2** □□□
平和原則14か条を提唱し、国際連盟設立のために力を尽くしたアメリカ合衆国第28代大統領はだれか。

ウィルソン

| | | |
|---|---|---|
| **3**<br>□□□ | 国際平和維持機構をつくり、すべての加盟国はたがいに相互不可侵を約束し、一部の加盟国がほかの加盟国を侵略した時には、ほかのすべての加盟国が集団的制裁を加えることで安全保障を実現させようとする考え方を何というか。 | 集団安全保障 |
| **4**<br>□□□ | 国際平和秩序維持と国際協力を目的に、1920年に設立された史上初の<u>集団安全保障</u>機関を何というか。 | 国際連盟 |
| **5**<br>□□□ | 意見をまとめる際に、反対者がいない状況下ではじめて採用するという、国際連盟がとった原則を何というか。 | 全会一致の原則 |
| **6**<br>□□□ | 1928年、パリで締結された、戦争放棄に関して、戦争の全面禁止を書き込んだはじめての条約を何というか。 | 不戦条約 |
| **7**<br>□□□ | 1941年、<u>ローズヴェルト</u>米大統領が年頭教書で述べた、人類における普遍的な<u>4つの自由</u>とは何か。 | 言論・表現の自由、信仰の自由、欠乏からの自由、恐怖からの自由 |
| **8**<br>□□□ | 1945年におこなわれた、第二次世界大戦の戦後処理についての方針を話しあった連合国首脳会談を何というか。 | ヤルタ会談 |
| **9**<br>□□□ | 第二次世界大戦後の1945年に発足した、国際社会の安全と国際平和維持を目的とする国際機関を何というか。 | 国際連合(国連) |
| **10**<br>□□□ | 1945年のサンフランシスコ会議で調印された、<u>国際連合</u>の組織と基本原則を定めた基本法を何というか。 | 国際連合憲章 |
| **11**<br>□□□ | <u>安全保障理事会</u>の勧告により<u>国連総会</u>が任命し各地域の出身者が交代で就任する国連行政職員の長を何というか。 | 国連事務総長 |
| **12**<br>□□□ | 国際平和と安全の維持を中心に、事務総長の指名まで、広範な任務をもっている国連の機関を何というか。 | 安全保障理事会(安保理) |
| **13**<br>□□□ | 国際連合の<u>安全保障理事会</u>の理事国の地位につねにある5カ国(アメリカ・イギリス・フランス・ロシア・中国)を何というか。 | 常任理事国 |
| **14**<br>□□□ | <u>国連安全保障理事会</u>の構成国のうち、<u>常任理事国</u>(5カ国)以外の国を何というか。 | 非常任理事国 |

| | | |
|---|---|---|
| ★★★★★★★★★★★★ 15 ☐☐☐ | 国連安全保障理事会において、常任理事国が、一国でも実質事項について反対すれば、決定できないという権利を何というか。 | 拒否権 |
| ★★★★ 16 ☐☐☐ | 安全保障理事会において、15理事国中の9理事国の賛成で表決され、拒否権は適用されない事項を何というか。 | 手続き事項 |
| ★★★★★★★★★★★★ 17 ☐☐☐ | 国際連合の主要機関で、全加盟国の代表が意見を述べて結論を出す唯一の機関を何というか。 | 国際連合総会(国連総会) |
| ★★★★★★★★★★★★ 18 ☐☐☐ | 安全保障理事会は国際の平和に必要な行動を、国際連合加盟国の空軍・海軍または陸軍によってできることが規定されている。これらの軍隊を何というか。 | 国連軍 |
| ★★★★★★★★★★★★ 19 ☐☐☐ | 安全保障理事会の運営が、拒否権のため平和維持機能が果たせない時、要請から24時間以内に特別緊急総会を招集して、議決をおこなうことができる制度を何というか。 | 平和のための結集決議 |
| ★★★★★★ 20 ☐☐☐ | 国連の安全保障理事会の意見がまとまらなかった場合などに招集される総会のことを何というか。 | 緊急特別総会 |
| ★★★★★★ 21 ☐☐☐ | 安全保障理事会の決議を受けて、各国が任意に提供した軍隊から組織された軍を何というか。 | 多国籍軍 |
| ★★★★★★★★★★★★ 22 ☐☐☐ | 国連がおこなう、政治・外交的措置と軍事制裁措置の中間に当たる活動を何というか。 | 国連平和維持活動(PKO) |
| ★★★★★★★★★ 23 ☐☐☐ | 国連平和維持活動において、停戦監視などをおこなう自衛のための軽武装のみの軍隊を何というか。 | 国連平和維持軍(PKF) |
| ★★★ 24 ☐☐☐ | ある国家、地域において重大な人権侵害が発生した場合に、武力行使がおこなわれることを何というか。 | 人道的介入 |
| ★★★★★★★★★★★ 25 ☐☐☐ | 国際連合で、経済問題や、社会問題を担当している主要機関を何というか。 | 経済社会理事会 |
| ★★★★★★ 26 ☐☐☐ | 2006年に、国連の人権問題に対する対処能力向上を目的として設置された組織を何というか。 | 国連人権理事会(UNHRC) |
| ★★★★★★ 27 ☐☐☐ | 信託統治地域に住む人々の、社会的前進を監督するための国連機関を何というか。現在は活動を中止している。 | 信託統治理事会 |

| | | |
|---|---|---|
| ★★★★★★★ | | |
| 28 ☐☐☐ | 教育・科学・文化・通信を通じて国際間の協力を促進し、世界の平和と安全をめざしている専門機関を何というか。 | 国連教育科学文化機関(UNESCO、ユネスコ) |
| ★★★★ | | |
| 29 ☐☐☐ | 発展途上国の児童への食料・医療品・医療などの援助を目的として設立された国際連合総会の補助機関を何というか。 | 国連児童基金(UNICEF、ユニセフ) |
| ★★★ | | |
| 30 ☐☐☐ | 人々が最高の健康水準に到達することを目的に、保健衛生問題に取り組んでいる国際連合の専門機関を何というか。 | 世界保健機関(WHO) |
| ★★★★★★★★★★★★ | | |
| 31 ☐☐☐ | 地域、国家、国際レベルで組織された、非営利で自発的な活動による社会貢献活動をする団体を何というか。 | NGO(非政府組織) |
| ★★★★★★ | | |
| 32 ☐☐☐ | 良心の囚人の支援、難民の保護・救済活動や死刑の廃止・人権擁護への啓発運動に取り組む国連NGOを何というか。 | アムネスティ・インターナショナル |
| ★★★★★★★ | | |
| 33 ☐☐☐ | ボランティア団体や市民活動団体に、法人格取得を認めた1998(平成10)年に施行された法律を何というか。 | 特定非営利活動促進法(NPO法) |
| ★★★★★★★★★★★★★ | | |
| 34 ☐☐☐ | 2000年の国連ミレニアム・サミットで採択された国連ミレニアム宣言と、1990年代に開催された国際会議やサミットにおける開発目標をまとめたものを何というか。 | 国連ミレニアム開発目標(MDGs) |

## ■国際政治の歩み

| | | |
|---|---|---|
| ★★★★★★★★★★★★★ | | |
| 1 ☐☐☐ | 軍事力を行使する戦争にまでは至らないが、軍拡競争やイデオロギー対立をおこしている状況を何というか。 | 冷戦(冷たい戦争) |
| ★★★★★★ | | |
| 2 ☐☐☐ | ある国が、直接に戦争をしないで、ほかの国などにかわりに戦わせる戦争のことを何というか。 | 代理戦争 |
| ★★★★★ | | |
| 3 ☐☐☐ | 社会体制として資本主義経済のシステムをとるアメリカ、西ヨーロッパ諸国、日本などを指す言葉は何か。 | 資本主義諸国(西側陣営) |
| ★★★★★★ | | |
| 4 ☐☐☐ | 生産手段の公的所有を基礎に、社会的正義と福祉、社会的平等の実現をめざす考え方を何というか。 | 社会主義 |
| ★★ | | |
| 5 ☐☐☐ | プロレタリア革命によりつくられた、人類発展史における最終段階の体制と考えられている考え方を何というか。 | 共産主義 |

★★★★★★★★★★★★

**6**
□□□
暴力的な革命を否定し、議会制を通して変革することで<u>社会主義</u>を実現させようとする思想を何というか。

社会民主主義

★★★★★★★★★★★★

**7**
□□□
1917年、ロシアに世界初の社会主義政権を成立させた革命を何というか。

ロシア革命

★★★★★★★★★★★★

**8**
□□□
1922年から、1991年12月まで存続した、ユーラシア大陸北部に位置した世界最初の社会主義国を何というか。

ソビエト社会主義共和国連邦(ソ連)

★★★★★★★★★★★★

**9**
□□□
ソ連の対米平和共存路線やユーゴ評価、中ソ国境紛争などが原因で、繰り広げられた中ソ論争を何というか。

中ソ対立

★★★★★★★★★★★★

**10**
□□□
1961年に西ベルリンへの交通を遮断（しゃだん）するために、東ドイツが構築した壁（1989年に撤去）を何というか。

ベルリンの壁

★★★★★

**11**
□□□
世界の平和が敵対する国の相互の核保有によって保たれているというチャーチル英首相が述べた言葉は何か。

恐怖の均衡（きんこう）

★★★★★★★★★★★★

**12**
□□□
1962年、ケネディ米大統領が、ソ連の脅威（きょうい）を感じ、海上封鎖を命じたことで生じた危機を何というか。

キューバ危機

★★★

**13**
□□□
<u>キューバ危機</u>の教訓から、米ソが国際的な危機を回避するために設けた直接通信回線を何というか。

ホットライン

★★★★★★★★★

**14**
□□□
ソ連の<u>フルシチョフ</u>が提唱した緊張緩和政策は、西側諸国がフランス語に訳して何というか。

デタント(緊張緩和)

★★

**15**
□□□
1968年の春から夏にかけてチェコスロヴァキアでおこった自由化政策を中心とする変革運動を何というか。

プラハの春

★★★★★★★★★★★★

**16**
□□□
国際政治の表舞台の中心が、米ソの二大勢力からEUや日本・中国・<u>第三勢力</u>に広がってきたことを何というか。

多極化

★★★★★★★★★★

**17**
□□□
1979年、ソ連が<u>アフガニスタン侵攻</u>をしたことによって始まった東西のさらなる国際的対立を何というか。

新冷戦

★★★★★

**18**
□□□
イギリス初の女性首相で、国内では新自由主義的な経済政策を進め、対外的には<u>フォークランド紛争</u>で強硬な態度をとり「鉄の女」と呼ばれた人物はだれか。

サッチャー

★★★★★★★★★★★★

**19**
□□□
<u>ペレストロイカ</u>や<u>グラスノスチ</u>を進め、冷戦終結に貢献した最後のソ連共産党書記長、ソ連邦大統領はだれか。

ゴルバチョフ

| 20 □□□ | <u>ゴルバチョフ</u>ソ連共産党書記長が、社会主義の再生のためにとなえた、刷新を意味するスローガンを何というか。 | ペレストロイカ |
|---|---|---|
| ★★★★ | | |
| 21 □□□ | ペレストロイカの基本理念の1つである情報公開のことを何というか。 | グラスノスチ |
| ★★★★ | | |
| 22 □□□ | 1989年にブッシュ米大統領とゴルバチョフソ連書記長が、<u>冷戦終結</u>を宣言した米ソ首脳会談を何というか。 | マルタ会談 |
| ★★★★ | | |
| 23 □□□ | 1991年8月の保守派クーデタの失敗以後、急速に進んだ連邦解体の動きを何というか。 | ソ連の解体 |
| ★★★★ | | |
| 24 □□□ | ソ連崩壊時に、バルト3国とグルジアを除く11カ国によって結成された国家共同体を何というか。 | 独立国家共同体（CIS） |
| ★★★★★★★★★ | | |
| 25 □□□ | 旧西ドイツの再軍備と<u>NATO</u>加盟国に対抗し、1955年にソ連と東欧7カ国が参加した集団安全保障体制を何というか。 | ワルシャワ条約機構（WTO） |
| ★★★★★★★★★ | | |
| 26 □□□ | 1949年、ソ連に対抗してアメリカや西ヨーロッパ諸国を中心に、12カ国が参加した集団安全保障体制を何というか。 | 北大西洋条約機構（NATO） |
| ★★★★★★★★★ | | |
| 27 □□□ | みずからの民族を政治・経済・文化の主体ととらえ、民族の統一・独立や国家形成を目的とする思想を何というか。 | 民族主義(ナショナリズム) |
| ★★★★★★★★★ | | |
| 28 □□□ | 第二次世界大戦後のベトナムの独立と統一をめぐる戦争を何というか。 | ベトナム戦争 |
| ★★★★★★★★★★ | | |
| 29 □□□ | 東西対立の時代に、国際社会に登場したアジア・アフリカ・ラテンアメリカの新興諸国を何世界というか。 | 第三世界 |
| ★★★★★★ | | |
| 30 □□□ | 1955年にインドネシアで開かれ、<u>平和十原則</u>が採択された会議を何というか。 | バンドン会議（第1回アジア・アフリカ会議） |
| ★★★★ | | |
| 31 □□□ | インドの<u>ネルー</u>やユーゴスラビアのティトーがとなえた、中立の立場で平和維持をめざす考え方を何というか。 | 非同盟主義 |
| ★★★★★★★★★ | | |
| 32 □□□ | あらゆる形態の<u>植民地主義</u>は無条件に終結される必要があるとする1960年の国連総会で採択された宣言を何というか。 | 植民地独立付与宣言 |

| ★★★★☆☆☆☆☆☆☆ | | |
|---|---|---|
| 33 □□□ | 1960年に17カ国のアフリカ植民地が新興独立国となったことから、この年を何というか。 | アフリカの年 |
| ★★★★★★☆☆☆☆☆ | | |
| 34 □□□ | 発展途上国で急速な近代化を進めるため少数の指導者が強圧的な手段を用いて支配する体制を何というか。 | 開発独裁 |
| ★★★★★★★★★★★★ | | |
| 35 □□□ | イギリスが第一次世界大戦中にフランスと「戦後の中東を両国で分割する」と約束しながら、アラブ人にはパレスチナの独占を認め、<u>ユダヤ人</u>にはパレスチナでのユダヤ人国家の建設を支援する約束をしたため発生した問題を何というか。 | パレスチナ問題 |
| ★★☆☆☆☆☆☆☆☆☆☆ | | |
| 36 □□□ | 19世紀の後半からおこった<u>パレスチナ</u>にユダヤ人の独立国家を建設しようとする運動を何というか。 | シオニズム運動 |
| ★★★★★★★☆☆☆☆ | | |
| 37 □□□ | 1948年に、中東のパレスチナで独立を宣言した、ユダヤ人による共和制の国家を何というか。 | イスラエル |
| ★★★★☆☆☆☆☆☆ | | |
| 38 □□□ | 1964年に設立された、パレスチナ民族を代表する政治組織を何というか。 | パレスチナ解放機構（PLO） |
| ★★★★☆☆☆☆☆☆ | | |
| 39 □□□ | 第1次石油危機のきっかけとなった、1973年におきたアラブ諸国と<u>イスラエル</u>との戦争を何というか。 | 第4次中東戦争 |
| ★★★★★★☆☆☆☆ | | |
| 40 □□□ | 1993年にイスラエルとパレスチナ解放機構が合意した、<u>ヨルダン川西岸</u>・<u>ガザ</u>地区におけるパレスチナ人による暫定的な自治実施に関する協定を何というか。 | オスロ合意 |
| ★★☆☆☆☆☆☆☆☆☆☆ | | |
| 41 □□□ | ヨルダン川西岸地区とガザ地区からなるパレスチナ人による自治がおこなわれている地域を何というか。 | パレスチナ自治区 |
| ★★★★★★☆☆☆☆ | | |
| 42 □□□ | <u>パレスチナ自治区</u>の大部分を形成している、ヨルダン川よりも西側の地域を何というか。 | ヨルダン川西岸 |
| ★★★★★★☆☆☆☆ | | |
| 43 □□□ | 1993年のオスロ合意にもとづいてヨルダン川西岸地区とともにパレスチナ自治区となった地域を何というか。 | ガザ地区 |
| ★☆☆☆☆☆☆☆☆☆☆☆ | | |
| 44 □□□ | イスラエルを承認することや和平に対して反対しているパレスチナのイスラーム急進派組織を何というか。 | ハマス |

| | | |
|---|---|---|
| ★★・・・・・・・・・・・・・ 45 □□□ | 1987年ガザ地区でイスラエル人のトラックがパレスチナ人の車に衝突したことから広がった民衆蜂起を何というか。 | インティファーダ |
| ★・・・・・・・・・・・・・・ 46 □□□ | アメリカ・EU・ロシア・国連が作成したイスラエルとパレスチナの平和的共存をめざすための行程表を何というか。 | ロードマップ（和平行程表） |
| ★★★★・・・・・・・・・・ 47 □□□ | 第4代カリフのアリーとその子孫だけをムハンマドの後継者と認めるイスラームの分派を何というか。 | シーア派 |
| ★★★★★★★・・・・・・ 48 □□□ | 1990年8月のイラクによるクウェートへの軍事侵攻に端を発し、翌年1月に始まった戦争を何というか。 | 湾岸戦争 |
| ★★★★★★・・・・・・・・ 49 □□□ | 2001年、テロリストグループが民間旅客機をハイジャックし、アメリカの世界貿易センタービルと国防総省に突っ込んだ事件を何というか。 | アメリカ同時多発テロ |
| ★★★★★★・・・・・・・・ 50 □□□ | 政治的に対立する者に対して暴力をもって威嚇することを何というか。 | テロ |
| ★★★★★★★・・・・・・ 51 □□□ | 国境をこえて組織され、高度に発達した情報通信技術を最大限に活用して行動するテロ組織を何というか。 | 国際テロ組織 |
| ★★★★・・・・・・・・・・・ 52 □□□ | アラブの諸組織が合体してアフガニスタンで結成され、同時多発テロの主犯組織となった連合体を何というか。 | アル・カーイダ |
| ★★★・・・・・・・・・・・・ 53 □□□ | 伝統的なイスラーム国家をつくることを目的としたアフガニスタンのイスラーム原理主義勢力を何というか。 | タリバン政権 |
| ★★★★★★★★★★★・ 54 □□□ | 2003年3月、アメリカが主体となり、イギリスやオーストラリアが加わった軍がイラクと戦った戦争を何というか。 | イラク戦争 |
| ★★★・・・・・・・・・・・・ 55 □□□ | イラク戦争時のアメリカのように、ある1国が単独で一方的な外交姿勢をとる立場のことを指して何というか。 | ユニラテラリズム（単独行動主義） |
| ★★★★★★★★★★★・ 56 □□□ | 2011年のジャスミン革命から始まった中東や北アフリカ地域でおきた民主化運動を総称して何というか。 | アラブの春 |
| ★★・・・・・・・・・・・・・ 57 □□□ | 2011年に北アフリカにあるチュニジアでおきた民主化運動を何というか。 | ジャスミン革命 |

| | | |
|---|---|---|
| 58 ☐☐☐ | アラブの春を背景に2011年から続いているシリアの内戦を何というか。 | シリア内戦 |

| | | |
|---|---|---|
| 59 ☐☐☐ | シリア内戦の混乱に乗じてシリア内やイラク北部で勢力を拡大したイスラーム過激派組織を何というか。 | イスラーム国(IS) |

## ■軍備競争と軍備縮小

| | | |
|---|---|---|
| 1 ☐☐☐ | 核兵器の禁止、原子力の国際管理、最初の核兵器使用政府を戦争犯罪者とすることを声明した1950年に開催された平和擁護世界大会における決議を何というか。 | ストックホルム・アピール |

| | | |
|---|---|---|
| 2 ☐☐☐ | 1954(昭和29)年にマーシャル諸島で操業していたところ、アメリカがビキニ環礁でおこなっていた水爆実験による大量の死の灰を浴びた日本の遠洋マグロ漁船を何というか。 | 第五福竜丸 |

| | | |
|---|---|---|
| 3 ☐☐☐ | 1954(昭和29)年の第五福竜丸事件をきっかけにおこった、原子爆弾や水素爆弾の開発や使用禁止を求める世界規模の市民運動を何というか。 | 原水爆禁止運動 |

| | | |
|---|---|---|
| 4 ☐☐☐ | 人類が生存するため核兵器廃絶運動をする必要があり、科学者は先頭に立つべきだと提示された宣言を何というか。 | ラッセル・アインシュタイン宣言 |

| | | |
|---|---|---|
| 5 ☐☐☐ | 1957年、カナダで開催された、核戦争回避のための「科学と国際問題に関する会議」を何というか。 | パグウォッシュ会議 |

| | | |
|---|---|---|
| 6 ☐☐☐ | 大気圏内・宇宙空間・水中における核実験を禁止することを定めた条約を何というか。 | 部分的核実験禁止条約(PTBT) |

| | | |
|---|---|---|
| 7 ☐☐☐ | 核戦争によって人類が滅亡するまでの残り時間を示す、科学雑誌に掲載されているアナログ時計を何というか。 | 終末時計 |

| | | |
|---|---|---|
| 8 ☐☐☐ | 軍と軍需産業が一緒になって、軍備拡大をしようとする国内政治の構造を何というか。 | 軍産複合体 |

| | | |
|---|---|---|
| 9 ☐☐☐ | 他国に核攻撃を思いとどまらせるほどの、自国の核保有がもたらす力のことを何というか。 | 核抑止力 |

| | | |
|---|---|---|
| 10 ☐☐☐ | 1972年に調印された、第1次攻撃用戦略核兵器の数量制限条約を何というか。 | SALT Ⅰ（ソルト） |

| | | |
|---|---|---|
| ★★ | **11** ⬜⬜⬜ ロケットエンジンで推進する射程距離4000マイル(6400km)以上の<u>戦略核兵器</u>を何というか。 | ICBM(大陸間弾道ミサイル) |
| ★★ | **12** ⬜⬜⬜ 原子力潜水艦から発射される弾道ミサイルのことを何というか。 | SLBM(潜水艦発射弾道ミサイル) |
| ★★★★★★★★★★★★ | **13** ⬜⬜⬜ 1987年に<u>レーガン米大統領</u>とゴルバチョフソ連共産党書記長とのあいだで調印され、2019年に失効した、地上発射の<u>中距離核戦力</u>の全面的廃棄についての条約を何というか。 | 中距離核戦力(INF)全廃条約 |
| ★★★★★★★★★ | **14** ⬜⬜⬜ <u>SALTI・II</u>以後、軍縮をさらに推進するために、1982年より始まった米・ソ間の戦略兵器削減交渉を何というか。 | START I (第1次戦略兵器削減条約) |
| ★★★ | **15** ⬜⬜⬜ 1993年に米・ロで調印され、戦略兵器を10年間で約3分の1まで削減することなどが定められた条約を何というか。 | START II (第2次戦略兵器削減条約) |
| ★★★★★★★ | **16** ⬜⬜⬜ 2011年に発効した、米・ロ間唯一の核軍縮条約を何というか。 | 新戦略兵器削減条約(新START) |
| ★★★★★★★★★★★★★ | **17** ⬜⬜⬜ <u>核保有国</u>をアメリカ・ソ連(ロシア)・イギリス・フランス・中国以外に拡大させないために調印された条約を何というか。 | 核拡散防止条約(NPT) |
| ★★★★★★★★★★★★ | **18** ⬜⬜⬜ 調印する国が<u>地下核実験</u>を含むあらゆる核実験をおこなわないとする1996年に国連で締結された条約を何というか。 | 包括的核実験禁止条約(CTBT) |
| ★★★★ | **19** ⬜⬜⬜ 対人地雷廃絶を目的に1992年にスタートし、ノーベル平和賞を受賞した<u>NGO</u>のネットワークを何というか。 | 地雷禁止国際キャンペーン(ICBL) |
| ★★★★★★★★★ | **20** ⬜⬜⬜ 1997年に調印された<u>対人地雷</u>の全面禁止を約束した国際条約を何というか。米・ロ・中・印などが未調印である。 | 対人地雷全面禁止条約(オタワ条約) |
| ★★★★★★★★★★ | **21** ⬜⬜⬜ <u>クラスター爆弾</u>の使用や製造および保有を禁止する2010年に発効した条約を何というか。 | クラスター爆弾禁止条約(オスロ条約) |
| ★★★ | **22** ⬜⬜⬜ 生物・毒素兵器を包括的に禁止する唯一の多国間の法的枠組みを何というか。 | 生物兵器禁止条約 |

| ★★★ | | |
|---|---|---|
| **23** □□□ | 1997年に発効した、すべての化学兵器の開発・生産・保有・使用を禁止している条約を何というか。 | 化学兵器禁止条約（CWC） |
| ★ | | |
| **24** □□□ | 人工知能の技術を活用した兵器のことを何というか。 | AI兵器 |
| ★★★★ | | |
| **25** □□□ | 軍事演習の事前通告や国防資料の公表というような敵対している国が信頼を高めるための措置を何というか。 | 信頼醸成措置（CBM） |
| ★★★★★★ | | |
| **26** □□□ | 2人の人間が意思疎通できないという前提のもと、たがいに協力すれば、協力しないよりもいい結果を得られるという状況下でも、たがいに協力しないことを選択してしまうというゲーム理論の1つを何というか。 | 囚人のジレンマ |
| ★★ | | |
| **27** □□□ | 1968年に発効した、世界ではじめての<u>非核兵器地帯条約</u>を何というか。 | ラテンアメリカ及びカリブ核兵器禁止条約(トラテロルコ条約) |
| ★★ | | |
| **28** □□□ | 1986年に発効した南太平洋非核地帯条約を何というか。 | ラロトンガ条約 |
| ★★ | | |
| **29** □□□ | 1997年に発効した東南アジア地域における平和と安定、非核化を定めた条約を何というか。 | 東南アジア非核地帯条約(バンコク条約) |
| ★★ | | |
| **30** □□□ | カザフスタン・キルギス・タジキスタン・トルクメニスタン・ウズベキスタンが非核化を定めた条約を何というか。 | 中央アジア非核兵器地帯条約(セメイ条約) |
| ★★ | | |
| **31** □□□ | 2009年に発効したアフリカ大陸における非核化を定めた条約を何というか。 | アフリカ非核地帯条約(ペリンダバ条約) |
| ★★★★★★★★ | | |
| **32** □□□ | 2017年に国連で採択された、未来の核廃絶全廃をめざし、核兵器を包括的に法的禁止とするはじめての国際条約を何というか。 | 核兵器禁止条約 |
| ★★★★ | | |
| **33** □□□ | 核兵器を禁止し廃絶することを目的として活動しているNGOの連合体を何というか。 | ICAN(核兵器廃絶国際キャンペーン) |

## ■異なる人種・民族との共存

| ★★★★★★★★★ | | |
|---|---|---|
| **1** □□□ | 自民族の政治的・経済的優位を主張する考え方を何というか。 | 自民族中心主義(エスノセントリズム) |

| | | |
|---|---|---|
| ★★★★★★★★★★ | 各人種・民族がもつ固有の文化や世界観の多様性を尊重し、たがいに独自性を保ちつつ、相手を認めあいながら共存していくという考え方を何というか。 | 多文化主義(マルチカルチュラリズム) |
| ★★★★★★★★★★★★<br>**3** | 戦争や政治的・宗教的な迫害により、住んでいた国を離れざるをえない人々を何というか。 | 難民 |
| ★★★★★★★★★★★<br>**4** | 自国に滞在する難民の庇護と定住を確保し、<u>難民</u>の権利を保障することを定めた国際条約を何というか。 | 難民の地位に関する条約(難民条約) |
| ★★★★<br>**5** | 難民を、迫害される可能性のある国に追放・送還しない義務を何というか。 | ノン・ルフールマンの原則 |
| ★★★★<br>**6** | 経済的な貧困が原因で、難民となった人々のことを何というか。<u>難民条約</u>では難民の定義に含まれない。 | 経済難民 |
| ★★★★★★★★★★★<br>**7** | 国外に出ず、国内で避難生活を送る人々を何というか。難民条約では難民の定義に含まれない。 | 国内避難民 |
| ★★★★<br>**8** | 日本に出入国するすべての人を公正に管理するため、そして難民の手続きを整えるために規定した法律を何というか。 | 出入国管理及び難民認定法 |
| ★★★★★★★★★★★<br>**9** | 1951年に設立された、国際的難民を保護するための国連機関を何というか。 | 国連難民高等弁務官事務所(UNHCR) |
| ★★★★<br>**10** | 第8代<u>国連難民高等弁務官</u>で、国内でも<u>国際協力機構</u>(JICA)の理事長をつとめた日本の国際政治学者はだれか。 | 緒方貞子 |
| ★★★★★★★<br>**11** | 1974(昭和49)年に日本政府の発展途上国支援を実施する機関として設立された国際協力事業団を何というか。 | JICA(ジャイカ) |
| ★★★★★★★★★★<br>**12** | ある文化を共有することによって、歴史的に形成されてきた人々の集団を何というか。 | 民族 |
| ★★★★<br>**13** | 国家または地域において、人口比率の小さい少数派の民族のことを何というか。 | 少数民族(マイノリティ) |
| ★★★★★★<br>**14** | 1国家内、または複数国家にまたがる地域でおこる民族対立が地域紛争にまで発展したものを何というか。 | 民族紛争 |

| | | |
|---|---|---|
| ★★★★★★★☆☆☆☆☆☆<br>15 □□□ | 冷戦中はティトー大統領のもとで、6つの共和国でまとまり非同盟中立路線を歩んだ社会主義国を何というか。 | 旧ユーゴスラビア |
| ★★★★☆☆☆☆☆☆☆☆☆<br>16 □□□ | 2008年に<u>セルビア</u>からの独立を宣言し、共和国となったのはどこか。 | コソボ |
| ★★★☆☆☆☆☆☆☆☆☆☆<br>17 □□□ | 東アフリカの<u>ルワンダ</u>で、多数派のフツ族と少数派のツチ族の対立から発生した内戦を何というか。 | ルワンダ内戦 |
| ★★★☆☆☆☆☆☆☆☆☆☆<br>18 □□□ | 2003年から続いており、国連が「世界最悪の人道危機」と表現しているスーダン西部における紛争を何というか。 | ダルフール紛争 |
| ★★★★☆☆☆☆☆☆☆☆☆<br>19 □□□ | <u>カシミール</u>地方の領有権をめぐる、インドとパキスタンの紛争を何というか。 | カシミール紛争 |
| ★★☆☆☆☆☆☆☆☆☆☆☆<br>20 □□□ | 北緯38度線にある朝鮮半島の軍事境界線上にあり、1953年の休戦協定が結ばれたところを何というか。 | 板門店の休戦ライン |
| ★☆☆☆☆☆☆☆☆☆☆☆☆<br>21 □□□ | アジア・太平洋地域の政治・安全保障に関するフォーラムを何というか。 | ASEAN 地域フォーラム(ARF) |
| ★★★★★★★★★★★★☆<br>22 □□□ | 人間一人ひとりの<u>人権</u>を保障することで、国民の生命や財産を守るという考え方・その施策を何というか。 | 人間の安全保障 |
| ★★★★★★★★★★★★☆<br>23 □□□ | 遺伝的身体の特性によって、便宜的に人類を区分したものを何というか。 | 人種 |
| ★★☆☆☆☆☆☆☆☆☆☆☆<br>24 □□□ | 先住民族はすべての人権と基本的自由の十分な享受に対する権利を有すると国連総会で採択された宣言を何というか。 | 先住民族の権利に関する国連宣言 |
| ★★★★★☆☆☆☆☆☆☆☆<br>25 □□□ | 国家をもたない世界最大の民族集団といわれている半遊牧民族を何というか。 | クルド人 |
| ★★★★☆☆☆☆☆☆☆☆☆<br>26 □□□ | <u>クルド人</u>が約3000万人いるといわれている、イラクやトルコにまたがる地域を何というか。 | クルディスタン |
| ★★★★☆☆☆☆☆☆☆☆☆<br>27 □□□ | ミャンマーで<u>ロヒンギャ</u>族が不法移民とみなされて国籍を与えられず、迫害や差別を受ける問題を何というか。 | ロヒンギャ問題 |
| ★★★★★★☆☆☆☆☆☆☆<br>28 □□□ | 戦乱や災害に際して、国境をこえて緊急の医療奉仕につとめる医師の NGO 組織を何というか。 | 国境なき医師団(MSF) |

| | | |
|---|---|---|
| ★★★ <br> 29 <br> □□□ | 1983年、日本の中村哲医師を中心に、パキスタンで医療活動に取り組むために結成されたNGOを何というか。 | ペシャワール会 |

## ■国際社会と日本

| | | |
|---|---|---|
| ★★★★★★ <br> 1 <br> □□□ | 1957（昭和32）年に発表された日本政府における3つの外交基本方針である<u>外交三原則</u>とは何か。 | 国連中心主義・自由主義諸国との協調・アジアの一員としての立場の堅持 |
| ★★★★★★★★★★★ <br> 2 <br> □□□ | 1965（昭和40）年に外交開設、旧条約の失効など日韓の基本問題を規定し日韓関係正常化がはかられた条約を何というか。 | 日韓基本条約 |
| ★★★★★★★★★★ <br> 3 <br> □□□ | 日中共同声明後、日中間の恒久的な平和友好関係を発展させる目的で1978（昭和53）年に調印された条約を何というか。 | 日中平和友好条約 |
| ★★★★★★★★★ <br> 4 <br> □□□ | 1970〜80年代に朝鮮民主主義人民共和国の工作員によって日本人が北朝鮮に<u>拉致</u>された問題を何というか。 | 拉致問題 |
| ★★★ <br> 5 <br> □□□ | 2002（平成14）年に小泉首相と朝鮮民主主義人民共和国の金正日朝鮮労働党総書記がおこなった会談を何というか。 | 日朝首脳会談 |
| ★★★ <br> 6 <br> □□□ | 2002（平成14）年に、日本の小泉首相と金正日朝鮮労働党総書記が会談をおこなった時に確認した宣言を何というか。 | 日朝ピョンヤン宣言 |
| ★★★ <br> 7 <br> □□□ | 外国人が訪れる旅行のことで、観光立国づくりという日本の政策を背景に登場した用語は何か。 | 外国人旅行者（インバウンド） |

## ❷ 国際経済の動向と課題

用語集 p.248〜272

### ■国際経済の仕組み

| | | |
|---|---|---|
| ★★★★★★★★★★★★ <br> 1 <br> □□□ | 国と国とのあいだの分業のことを何というか。 | 国際分業 |
| ★★★★★★ <br> 2 <br> □□□ | 発展段階が異なる国（<u>先進国</u>と<u>発展途上国</u>）とのあいだでおこなわれる分業を何というか。 | 垂直的分業 |
| ★★★★★★ <br> 3 <br> □□□ | 発展段階が同じ程度の国のあいだでおこなわれる分業を何というか。 | 水平的分業 |

| ★★★★★★★★★★★★ | | |
|---|---|---|
| **4** □□□ | 生産工程を国際間に配置する分業のことを何というか。 | 工程間分業 |
| ★★★★★★★★★★★★ | | |
| **5** □□□ | 各国は、自国のなかで相対的に低い生産費で生産できる商品に<u>特化</u>して、それを輸出し、相対的に生産性の低い財を外国から輸入する方が、双方の国とも利益があるとする説を何というか。 | 比較生産費説（国際分業の理論） |
| ★★★★★★★★★★★★★ | | |
| **6** □□□ | 各国が、国内で相対的に安く生産することが可能な財のことを、何をもつ財というか。 | 比較優位 |
| ★★★★★★★★★★★★★★ | | |
| **7** □□□ | ある国が他国に比べて低コストで財を生産できたら、ある国はその財の生産について何をもつというか。 | 絶対優位 |
| ★★★★★★★★★★★★★ | | |
| **8** □□□ | <u>比較生産費説</u>を主張したイギリスの経済学者はだれか。 | リカード |
| ★★★★★★★★★★★★★ | | |
| **9** □□□ | <u>貿易</u>に関して、国家や政府の干渉がなく、自由におこなわれる貿易のことを何というか。 | 自由貿易〔主義〕 |
| ★★★★★★★★★★★★★ | | |
| **10** □□□ | 国家が貿易に干渉し、とくに輸入の制限をおこなって、国内産業を保護する貿易のことを何というか。 | 保護貿易〔主義〕 |
| ★★★★★★★★★★★★★ | | |
| **11** □□□ | 後進工業国のドイツが、貿易でイギリスに対抗するために<u>保護貿易</u>を主張したドイツの経済学者はだれか。 | リスト |
| ★★★★★★★★★ | | |
| **12** □□□ | 発展途上国は生産した原材料を輸出し、先進国はそれを工業製品にして輸出する国際分業の構造を何というか。 | 垂直貿易 |
| ★★★★★★★★★ | | |
| **13** □□□ | 先進国で生産された工業製品を、先進国どうしで輸出入をおこなうという、国際分業の構造を何というか。 | 水平貿易 |
| ★★★★★★★★★★★★★ | | |
| **14** □□□ | 輸入品に対して課される税金を何というか。 | 関税 |
| ★★★★★★★★★★★★★ | | |
| **15** □□□ | 貿易の抑制や促進を目的にしておこなわれる、<u>関税</u>以外の様々な手段や制度を何というか。 | 非関税障壁 |
| ★★★ | | |
| **16** □□□ | 企業の経営参加などを目的としない証券投資のことを何というか。 | 間接投資 |
| ★★★ | | |
| **17** □□□ | 海外で事業活動をおこなうための企業買収や、工場建設など生産設備に投資することを何というか。 | 対外直接投資 |
| ★★★★★★★★★★★★★ | | |
| **18** □□□ | <u>貿易</u>をめぐる経済上の摩擦を何というか。 | 貿易摩擦 |

| | | |
|---|---|---|
| ★★★★★★★★★★★★★ <br> **19** <br> □□□ | 製品輸出国が不当に安い価格で商品を販売することを何というか。 | ダンピング（不当廉売） |
| ★★★★★★★★★★★★ <br> **20** <br> □□□ | <u>ダンピング</u>によって被害が出ると予想される産業を守るため相手国の物品に関税を課すことを何というか。 | アンチ・ダンピング |
| ★★★★★★★★★★★★★ <br> **21** <br> □□□ | 1年間におこなわれた国際的な経済取引を貨幣額で表したものを何というか。 | 国際収支 |
| ★★★★★★★★★★★★★ <br> **22** <br> □□□ | <u>貿易・サービス収支</u>、<u>第一次所得収支</u>、<u>第二次所得収支</u>の3つをあわせたものを何というか。 | 経常収支 |
| ★★★★★★★★★★★★★ <br> **23** <br> □□□ | <u>経常収支</u>のうち商品の輸出入による貿易収支と、輸送・旅行などのサービス収支をあわせたものを何というか。 | 貿易・サービス収支 |
| ★★★★★★★★★★★★★ <br> **24** <br> □□□ | 商品の輸出と輸入による、外国との支払い、受け取りの収支を何というか。 | 貿易収支 |
| ★★★★★★★★★★★★★ <br> **25** <br> □□□ | 経常収支のうち、輸送・旅行・その他サービスの外国との取引を示す数値を何というか。 | サービス収支 |
| ★★★★★★★★★★★★★ <br> **26** <br> □□□ | 対外金融債権や債務から生じる利子・配当金や、海外の企業からの給料など所得の収支を何というか。 | 第一次所得収支 |
| ★★★★★★★★★★★★★ <br> **27** <br> □□□ | 無償資金協力や贈与などの、対価をともなわない資産の提供についての収支を何というか。 | 第二次所得収支 |
| ★★★★★★★★★★★★★ <br> **28** <br> □□□ | 対価の受け取りをともなわない社会資本など固定資産の提供、債務免除などを指す収支を何というか。 | 資本移転等収支 |
| ★★★★★★★★★★★★★ <br> **29** <br> □□□ | <u>直接投資</u>・<u>証券投資</u>・<u>金融派生商品</u>・その他投資および外貨準備を合計した収支を何というか。 | 金融収支 |
| ★★★★★★★★★★★★★ <br> **30** <br> □□□ | 経営権確保を目的としてなされる投資、海外の工場建設、不動産取得に向けた投資の収支を何というか。 | 直接投資 |
| ★★★★★★★★★★★★★ <br> **31** <br> □□□ | 証券市場における株式・債券・投資信託など有価証券になされた投資の収支を何というか。 | 証券投資 |
| ★★★★★★★★★★★★★ <br> **32** <br> □□□ | 通貨当局が<u>為替介入</u>や他国に対して外貨建て返済が困難になった時に使用する準備資産の収支を何というか。 | 外貨準備 |
| ★★★★★★★★★★★★★ <br> **33** <br> □□□ | 国際収支統計を作成するうえで生じる不整合をまとめた | 誤差脱漏 |

ものを何というか。

<table>
<tr><td>★★★★★★★☆☆☆☆☆☆</td><td></td><td></td></tr>
<tr><td>34<br>□□□</td><td>外国の業者を利用して物品をともなわないサービスを受けた時に発生する貿易を何というか。</td><td>サービス貿易</td></tr>
</table>

## ■ 国際経済体制の変化

<table>
<tr><td>★★★★☆☆☆☆☆☆☆☆</td><td></td><td></td></tr>
<tr><td>1<br>□□□</td><td>現金以外の<u>手形</u>・小切手などを送ることによって、決済する方法のことを何というか。</td><td>為替</td></tr>
<tr><td>★★★★★★★★★★★★</td><td></td><td></td></tr>
<tr><td>2<br>□□□</td><td>ある国の通貨と外国通貨との交換比率を何というか。</td><td>〔外国〕為替レート</td></tr>
<tr><td>★★★★★★★★★★☆☆</td><td></td><td></td></tr>
<tr><td>3<br>□□□</td><td><u>外貨</u>の取引をおこなう市場のことを何というか。</td><td>外国為替市場</td></tr>
<tr><td>★★★★★★★★★☆☆☆</td><td></td><td></td></tr>
<tr><td>4<br>□□□</td><td><u>外国為替市場</u>において、円の価値が外国通貨よりも高くなった状態を何というか。</td><td>円高</td></tr>
<tr><td>★☆☆☆☆☆☆☆☆☆☆☆</td><td></td><td></td></tr>
<tr><td>5<br>□□□</td><td>1国の経済活動の状況を示す基本的な条件のことを何というか。</td><td>ファンダメンタルズ<br>（経済の基礎的条件）</td></tr>
<tr><td>★★★★★★★★☆☆☆☆</td><td></td><td></td></tr>
<tr><td>6<br>□□□</td><td>自国の<u>為替相場</u>を、あらかじめ定められた水準で、特定の外国通貨（基軸通貨）に固定する制度を何というか。</td><td>固定相場制</td></tr>
<tr><td>★★★★★★★★☆☆☆☆</td><td></td><td></td></tr>
<tr><td>7<br>□□□</td><td>為替相場が固定されていないで、外貨の需要と供給により変動する為替相場制度のことを何というか。</td><td>変動相場制</td></tr>
<tr><td>★★★★★★★★★☆☆☆</td><td></td><td></td></tr>
<tr><td>8<br>□□□</td><td>複数の国家で領域を形成し、領域内では経済交流を促進させ、領域外には閉鎖的差別をおこなうことを何というか。</td><td>ブロック経済（経済ブロック）</td></tr>
<tr><td>★★★★☆☆☆☆☆☆☆☆</td><td></td><td></td></tr>
<tr><td>9<br>□□□</td><td><u>国際通貨基金</u>、<u>国際復興開発銀行</u>と、これに続いて締結された「<u>関税及び貿易に関する一般協定</u>」にもとづく体制を何というか。</td><td>ブレトン・ウッズ体制</td></tr>
<tr><td>★★★★★★★★★★☆☆</td><td></td><td></td></tr>
<tr><td>10<br>□□□</td><td>国際通貨制度の中心となる国際通貨を何というか。</td><td>基軸通貨</td></tr>
<tr><td>★★★★★★★★★★★☆</td><td></td><td></td></tr>
<tr><td>11<br>□□□</td><td><u>ブレトン・ウッズ協定</u>にもとづいて1945年に設立された国際通貨と金融に関する協力機構を何というか。</td><td>国際通貨基金（IMF）</td></tr>
<tr><td>★★★★★★★★★★★☆</td><td></td><td></td></tr>
<tr><td>12<br>□□□</td><td><u>IMF</u>と同時に設立された第二次世界大戦後の復興と開発のため加盟国への融資を目的とした国際機関を何というか。</td><td>国際復興開発銀行（世界銀行、IBRD）</td></tr>
</table>

| | | |
|---|---|---|
| **13** ☐☐☐ | 1966年に設立された、アジア・太平洋地域を対象とする国際開発金融機関を何というか。 | アジア開発銀行（ADB） |
| **14** ☐☐☐ | <u>関税</u>その他の貿易障がいを軽減し、差別貿易を廃止し、自由・無差別の国際貿易を促進することを目的に、関税の引き下げ、数量制限の撤廃を内容とした国際協定を何というか。 | 関税及び貿易に関する一般協定（GATT） |
| **15** ☐☐☐ | GATT の掲げた 3 原則とは何か。 | 自由・無差別・多角主義 |
| **16** ☐☐☐ | 加盟国が貿易相手国に与えた貿易上の利益をすべての加盟国に与えなければならないということを何というか。 | 最恵国待遇 |
| **17** ☐☐☐ | 貿易における<u>自由・無差別の原則</u>を実現させるために、複数の国で協議する交渉を何というか。 | 多角的貿易交渉（ラウンド） |
| **18** ☐☐☐ | 1964〜67年にかけておこなわれ、関税の一括引き下げに合意した GATT の<u>多角的貿易交渉</u>を何というか。 | ケネディ・ラウンド |
| **19** ☐☐☐ | 1973〜79年にかけておこなわれ、<u>非関税障壁</u>の軽減などに合意した GATT の多角的貿易交渉を何というか。 | 東京ラウンド |
| **20** ☐☐☐ | 1986〜94年にかけて、農業問題やサービス貿易・知的財産権など多分野にわたり交渉がおこなわれた GATT の多角的貿易交渉を何というか。 | ウルグアイ・ラウンド |
| **21** ☐☐☐ | 最低輸入義務量のことを何というか。 | ミニマム・アクセス |
| **22** ☐☐☐ | 2001年の第 4 回閣僚会議で新しい<u>ラウンド</u>開始が合意されたことで始められた多角的貿易交渉を何というか。 | ドーハ・ラウンド |
| **23** ☐☐☐ | GATT の国際貿易の自由化とその規則を強化して、新しく組織し直して1995年に発足した国際機関を何というか。 | 世界貿易機関（WTO） |
| **24** ☐☐☐ | 関税を引き上げるか、輸入数量を制限することにより、国内の生産者を保護する措置のことを何というか。 | セーフガード（緊急輸入制限措置） |
| **25** ☐☐☐ | ある国の輸出品に相手国が不当に高い関税をかけた場合、報復として相手国からの輸入品に高い関税をかけることを何というか。 | 報復関税 |
| **26** ☐☐☐ | 1960年代以降にアメリカの軍事支出・対外援助の増大に | ドル危機 |

より大量の金がアメリカから流出することで、<u>基軸通貨</u>であるドルの価値が下がったことを何というか。

| | | |
|---|---|---|
| ★★★★★★★★★★★★★★ 27 □□□ | 1971年にアメリカが<u>金とドルの交換停止</u>を宣言し、ブレトン・ウッズ体制が崩壊したことを何というか。 | ニクソン・ショック |
| ★★★★★★★★★★★★★ 28 □□□ | 1971年に、ワシントンの博物館で開かれた10カ国蔵相会議で、ドル引き下げが合意された協定を何というか。 | スミソニアン協定 |
| ★★★★ 29 □□□ | 1976年、変動為替相場制への移行を承認し、<u>SDR</u>を通貨価値の基準とすることを決めた合意を何というか。 | キングストン合意 |
| ★★★★ 30 □□□ | 国際収支が不均衡となった加盟国が、加盟国から融資を受けることができる権利を何というか。 | IMF特別引出権 (SDR) |
| ★★★★★★★★★★★★★ 31 □□□ | 1975年以来、毎年1回開催される先進諸国首脳による国際会議を何というか。 | サミット |
| ★★★★★★★★★★★★★ 32 □□□ | 財務相・中央銀行総裁会議が、2008年の<u>世界金融危機</u>を機に首脳会議に格上げされた国際会議を何というか。 | G20(20カ国・地域首脳会合) |
| ★★★★★★★★★★★★ 33 □□□ | アメリカ・ドイツ・イギリス・フランス・日本による<u>財務相・中央銀行総裁会議</u>を何というか。 | G5(先進5カ国財務相・中央銀行総裁会議) |
| ★★★★★★★★★★★★ 34 □□□ | アメリカ・ドイツ・イギリス・フランス・日本の5カ国に1986年からイタリア・カナダが加わった<u>財務相・中央銀行総裁会議</u>を何というか。 | G7(先進7カ国財務相・中央銀行総裁会議) |
| ★★★★★★★ 35 □□□ | 1980年代に、アメリカのレーガン政権のもとで、莫大な貿易赤字と財政赤字が並存したことを何というか。 | 双子の赤字 |
| ★★★★★★★★★★★★ 36 □□□ | 政府による市場介入を批判し、市場原理主義を掲げて、経済活動の自由と<u>小さな政府</u>の実現をめざす考え方を何というか。 | 新自由主義 |

## ■経済のグローバル化と金融問題

| | | |
|---|---|---|
| ★★★★★★★★★★★★★★ 1 □□□ | 従来の国境をこえた規模で、政治・経済・国民生活など、様々な分野での交流が進んでいることを何というか。 | グローバル化 |
| ★★ 2 □□□ | 経済の<u>グローバル化</u>が貧富の差の拡大や環境破壊などの社会問題を発生させているという主張を何というか。 | 反グローバル主義 |

| | | |
|---|---|---|
| ★★★ ☆☆☆☆☆☆☆☆<br>**3**<br>□□□ | 従来の国と国との隔てがなくなった状態を指す、「境界がない」という意味の言葉は何か。 | ボーダーレス化 |
| ★★★★★ ☆☆☆☆☆<br>**4**<br>□□□ | 2019年に中国武漢市で発見され、全世界に感染拡大したCOVID-19を何というか。 | 新型コロナウイルス |
| ★★★★★★ ☆☆☆☆<br>**5**<br>□□□ | ある製品の原材料や部品の調達から、製造、在庫管理、配送、販売、消費の流れ全体をとらえたものを何というか。 | サプライチェーン |
| ★★★ ☆☆☆☆☆☆☆☆<br>**6**<br>□□□ | 工業製品などの国際的な基準・規格を何というか。 | グローバルスタンダード |
| ★★ ☆☆☆☆☆☆☆☆☆<br>**7**<br>□□□ | 1947年に発足した、国際規格の制定や普及活動をおこなう非政府組織は何か。 | 国際標準化機構（ISO） |
| ★★★★★★★★★★★<br>**8**<br>□□□ | 複数の国に工場や研究開発部門、販売拠点などをもち、国際的な視点で意思決定をおこなう企業を何というか。 | 多国籍企業 |
| ★★★★★★★★★★★<br>**9**<br>□□□ | 1997年にバーツが下落し、ASEAN諸国の通貨にも影響がおよんだ危機を何というか。 | アジア通貨危機 |
| ★★★★★★★★ ☆☆☆<br>**10**<br>□□□ | 富裕層や機関投資家から資金を集めハイリスク・ハイリターン傾向のある条件下で運用する<u>投資信託</u>を何というか。 | ヘッジファンド |
| ★★★★★ ☆☆☆☆☆☆<br>**11**<br>□□□ | 2009年にギリシアの財政赤字が表面化したことをきっかけに、<u>ユーロ</u>の通貨価値が崩壊に直面した危機を何というか。 | ユーロ危機 |
| ★★★★★★★ ☆☆☆☆<br>**12**<br>□□□ | 海外企業誘致を目的として、企業に税制上の優遇措置を与えている国や地域を何というか。 | タックスヘイブン（租税逃避地） |
| ★ ☆☆☆☆☆☆☆☆☆☆<br>**13**<br>□□□ | 投機的な為替取引に、1％の国際税を課すという外国為替取引税を何というか。 | トービン税 |
| ★★ ☆☆☆☆☆☆☆☆☆<br>**14**<br>□□□ | 1930年に設立され、各国の中央銀行で構成される国際銀行を何というか。 | 国際決済銀行（BIS） |
| ★ ☆☆☆☆☆☆☆☆☆☆<br>**15**<br>□□□ | 2018年以降、米中の貿易をめぐってはじまった関税の報復合戦を何というか。 | 米中貿易摩擦 |

## ■ 地域経済統合と新興国

| | | |
|---|---|---|
| ★★★★★░░░░░░░░░░░<br>**1**<br>☐☐☐ | 国をこえた一定地域内で、商品や資本、労働力などの移動を自由化して大きな自由市場を形成し、地域内における経済的結びつきを強めることを何というか。 | 地域的経済統合 |
| ★★★★░░░░░░░░░░░░░<br>**2**<br>☐☐☐ | 域内の関税を撤廃し、域外諸国に対して共通の関税を課すという協定を結んだ同盟を何というか。 | 関税同盟 |
| ★★★★★★★★★★★★░░░<br>**3**<br>☐☐☐ | 特定の2国間または複数国間が関税や通商規則、サービス貿易の障壁を撤廃する国際的取決めを何というか。 | FTA(自由貿易協定) |
| ★★★★★★★★★★★★░░░<br>**4**<br>☐☐☐ | <u>FTA</u> を柱としつつ、対象を人の移動や投資といった分野にまで広げた協定のことを何というか。 | EPA(経済連携協定) |
| ★★★★★★★★★★★★★░<br>**5**<br>☐☐☐ | 1961年、ヨーロッパ経済協力機構(OEEC)を改組して発足した先進資本主義国が加盟する国際機関を何というか。 | 経済協力開発機構<br>(OECD) |
| ★★░░░░░░░░░░░░░░<br>**6**<br>☐☐☐ | 第二次世界大戦後、アメリカがおこなったヨーロッパ復興計画を何というか。 | マーシャル・プラン |
| ★★★★★★░░░░░░░░░░<br>**7**<br>☐☐☐ | フランス・西ドイツ両国の石炭と鉄鋼を超国家的機関に管理をゆだねる案にもとづいて1952年に発足したものを何というか。 | ヨーロッパ石炭鉄鋼<br>共同体(ECSC) |
| ★★★★★★░░░░░░░░░░<br>**8**<br>☐☐☐ | <u>ヨーロッパ石炭鉄鋼共同体</u>および<u>ヨーロッパ経済共同体</u>の構成6カ国からなり1958年に設立されたものを何というか。 | ヨーロッパ原子力共<br>同体(EURATOM) |
| ★★★★★░░░░░░░░░░░<br>**9**<br>☐☐☐ | ヨーロッパ石炭鉄鋼共同体の成立後、石炭鉄鋼以外の経済領域の統合を目標に設立されたものを何というか。 | ヨーロッパ経済共同<br>体(EEC) |
| ★★★★★★★★★★★★░░<br>**10**<br>☐☐☐ | ヨーロッパ石炭鉄鋼共同体、ヨーロッパ経済共同体、<u>ヨーロッパ原子力共同体</u>が統合して成立した共同体を何というか。 | ヨーロッパ共同体<br>(欧州共同体、EC) |
| ★░░░░░░░░░░░░░░░<br>**11**<br>☐☐☐ | ヨーロッパの諸国家間において出入国検査をすることなく自由に国境をこえることを許可する協定を何というか。 | シェンゲン協定 |
| ★★★★★★★★★★★★★★<br>**12**<br>☐☐☐ | <u>マーストリヒト条約</u>が発効し誕生したヨーロッパ各国の政治・経済統合を目的とした超国家機構を何というか。 | ヨーロッパ連合(欧<br>州連合、EU) |

| | |
|---|---|
| ★★★★★★★★★★★★ 13 □□□ ヨーロッパ統合を目標として1992年に <u>EC</u>12カ国が調印した条約を何というか。 | ヨーロッパ連合条約（マーストリヒト条約） |
| ★★★★★★★★★★★★ 14 □□□ 1999年1月1日に登場し、2002年より流通が始まったヨーロッパの<u>共通通貨</u>を何というか。 | EURO（ユーロ） |
| ★★★★ 15 □□□ 1998年に発足した、<u>ユーロ</u>の番人といわれているヨーロッパ全体の金融政策を決定する中央銀行を何というか。 | ヨーロッパ中央銀行（ECB） |
| ★★★★★★★★★ 16 □□□ ヨーロッパ理事会の常任議長と<u>外務・安全保障政策上級代表</u>を新設したEUの新しい基本条約を何というか。 | リスボン条約 |
| ★★★★ 17 □□□ <u>欧州理事会</u>の常任議長として、議事の進行、欧州議会への報告などの職務を遂行するポストを何というか。 | 欧州理事会常任議長（EU大統領） |
| ★★★ 18 □□□ <u>欧州連合（EU）</u>加盟国首脳によるEUの最高決定機関を何というか。 | 欧州理事会 |
| ★★★ 19 □□□ EU加盟各国から直接選挙で選出された議員によって構成される議会を何というか。 | 欧州議会 |
| ★ 20 □□□ 欧州審議会が人権の集団的保障を確保する手段として作成した条約を何というか。 | 欧州人権条約 |
| ★ 21 □□□ 2010年に設立された欧州金融安定ファシリティを引継ぎ、2012年に設立された危機対応メカニズムを何というか。 | ESM（欧州安定メカニズム） |
| ★★★★★★★★★★★★ 22 □□□ イギリスの欧州連合（EU）からの離脱のことを何というか。 | イギリスのEU離脱（ブレグジット） |
| ★★★★★★★★★★★ 23 □□□ 1994年に発効した、アメリカ・メキシコ・カナダによる自由貿易協定を何というか。 | 北米自由貿易協定（NAFTA） |
| ★★★★★★★★★★ 24 □□□ <u>NAFTA</u>を見直してアメリカ・メキシコ・カナダの3カ国が署名し2020年に発効した自由貿易協定を何というか。 | USMCA（アメリカ・メキシコ・カナダ協定） |
| ★★★★★★★★★★★★ 25 □□□ インドネシア・マレーシア・フィリピン・シンガポール・タイに、ブルネイ、ベトナム、ラオス、ミャンマー、カンボジアを含め10カ国体制となった地域組織を何というか。 | 東南アジア諸国連合（ASEAN） |

★★★★★★☆☆☆☆☆☆
**26**
☐☐☐ 1992年に合意された、ASEAN諸国内の域内経済協力の拡大を進めるための自由貿易圏を何というか。

ASEAN自由貿易地域(ASEAN自由貿易圏、AFTA)

★★★☆☆☆☆☆☆☆☆☆
**27**
☐☐☐ ASEANに日本・中国・韓国を加えた、アジアにおける地域協力の枠組みを何というか。

ASEAN＋3

★★★★☆☆☆☆☆☆☆☆
**28**
☐☐☐ 東南アジア諸国連合(ASEAN)に加盟する国で構成された経済圏を何というか。

AEC(ASEAN経済共同体)

★★★★☆☆☆☆☆☆☆☆
**29**
☐☐☐ 東南アジア諸国連合(ASEAN)と日本・中国・韓国・オーストラリア・ニュージーランドの15カ国が参加している広域的自由貿易協定を何というか。

RCEP(東アジア地域包括的経済連携)

★★★★★★★★☆☆☆☆
**30**
☐☐☐ 1991年にブラジル・アルゼンチン・ウルグアイ・パラグアイが結成した関税同盟を何というか。

MERCOSUR(南米南部共同市場、メルコスール)

★★★★★★★★★★☆☆
**31**
☐☐☐ 1989年に日本・アメリカ・カナダ・ニュージーランド・オーストラリア・韓国・ASEAN諸国の12カ国で発足した財務相・外相会議を何というか。

アジア太平洋経済協力会議(APEC)

★★★★★★★☆☆☆☆☆
**32**
☐☐☐ 利害関係が一致する国や地域が、関係を強化することによって利益を追求するという考え方を何というか。

地域主義(リージョナリズム)

★★★★★★★★★★★☆
**33**
☐☐☐ 太平洋周辺の国々で、ヒトやモノ、サービス、カネの移動を、ほぼ完全に自由にする国際協定を何というか。

TPP(環太平洋経済連携協定、環太平洋パートナーシップ)協定

★★☆☆☆☆☆☆☆☆☆☆
**34**
☐☐☐ アフリカにおける政治・経済の統合をめざすためアフリカ統一機構(OAU)から発展改組された連合を何というか。

アフリカ連合(AU)

★★★★★★★★★★★★
**35**
☐☐☐ 北半球に多く位置している先進国と、南半球に多数位置する貧しい発展途上国の経済格差問題を何というか。

南北問題

★★★★★★★★★★★★
**36**
☐☐☐ 発展途上国間の経済格差の問題を何というか。

南南問題

★★★★★★★★★★★☆
**37**
☐☐☐ 1国の対外債務で、その国の返済能力からみてあまりにも多額な水準まで累積された借入残高による問題を何というか。

累積債務問題

| | | |
|---|---|---|
| ★★ | | |
| **38** □□□ | 1996年に IMF と世界銀行が認定した、世界でもっとも重い債務を抱えている発展途上国を何というか。 | 重債務国 |
| ★★★★ | | |
| **39** □□□ | 債務国が、債務に関する支払いができなくなってしまうことを何というか。 | デフォルト（支払い不履行） |
| ★★★★★ | | |
| **40** □□□ | 1980年代の累積債務問題でデフォルトの危機が生じたため、IMFが緊縮財政をおこなうことなどの条件を課したうえで債務軽減とともに認めたのは何か。 | 債務返済の繰り延べ（リスケジューリング） |
| ★★★★★★★★★★★★ | | |
| **41** □□□ | 先進国に対する用語で、経済がまだ十分発展していない国々のことを何というか。 | 発展途上国 |
| ★★★★★★★★★★★★★ | | |
| **42** □□□ | 発展途上国のなかでも、とくに発展の遅れた国を何というか。 | 後発発展途上国（LDC） |
| ★★ | | |
| **43** □□□ | 最低水準を下まわる収入しか得られず、人間らしい生活からかけ離れている状態を何というか。 | 絶対的貧困 |
| ★★★★★★★★★★★★ | | |
| **44** □□□ | 単一栽培といわれ、1〜2種類の一次産品の栽培に頼っている経済を何というか。 | モノカルチャー経済 |
| ★ | | |
| **45** □□□ | 1960年、世界銀行の発展途上国に対する開発資金を、融資する目的で設立された国際機関を何というか。 | 国際開発協会（IDA、第二世界銀行） |
| ★★★★★ | | |
| **46** □□□ | 絶対的貧困層に対して、無担保で小額の融資をおこなう貧困層向け金融サービスのことを何というか。 | マイクロクレジット |
| ★★★★★★★★★★ | | |
| **47** □□□ | 農村部で貧困層対象の低金利無担保融資をおこない、ノーベル平和賞を受賞したマイクロファイナンス機関は何か。 | グラミン銀行 |
| ★★★★★★ | | |
| **48** □□□ | マイクロファイナンスを考案してノーベル平和賞を受賞したバングラデシュの経済学者はだれか。 | ムハマド＝ユヌス |
| ★★ | | |
| **49** □□□ | 世界地図のなかでどの地域で栄養不足が深刻な問題となっているのかを、色わけして示した教材を何というか。 | ハンガーマップ |
| ★★ | | |
| **50** □□□ | 1996年にローマで開かれた、発展途上国における食料問題に関する会議を何というか。 | 世界食糧サミット |
| ★★★★★ | | |
| **51** □□□ | 人口が爆発的に増加することを何というか。 | 人口爆発 |

| | | |
|---|---|---|
| **52**<br>□□□ | <u>南北問題</u>全体を検討するために設置された国連総会の常設機関を何というか。 | 国連貿易開発会議<br>(UNCTAD) |

★★★★★★★★★★★★★

| | | |
|---|---|---|
| **53**<br>□□□ | <u>UNCTAD</u> 初代事務局長が、GATT の自由貿易を発展途上国側からの視点で批判し、南北問題解決のために先進国が責任をもつことを示した報告を何というか。 | プレビッシュ報告 |

★★★★★★★★★★★

| | | |
|---|---|---|
| **54**<br>□□□ | <u>プレビッシュ報告</u>にもとづき、先進国が発展途上国からの輸入品に低い関税で一方的に優遇する制度が導入されたが、この関税のことを何というか。 | 一般特恵関税 |

★★★★★★★★★★★★★★

| | | |
|---|---|---|
| **55**<br>□□□ | 発展途上国の開発促進のため、技術援助実施を目的に、国連総会決議にもとづき1966年に発足した機関を何というか。 | 国連開発計画<br>(UNDP) |

★★★★★★★★★★

| | | |
|---|---|---|
| **56**<br>□□□ | 平均余命・教育・GDP の各指数より算出される、その国の人々の生活の質や発展の程度を示す指数を何というか。 | HDI(人間開発指数) |

★★

| | | |
|---|---|---|
| **57**<br>□□□ | 人として生きるために最低限必要な衣服・食料・住居や、保健・教育などの社会サービスのニーズを何というか。 | 人間の基本的ニーズ<br>(BHN) |

★★★★★★★★★★★★

| | | |
|---|---|---|
| **58**<br>□□□ | 豊富な資源を有する国が、自国の資源を自分たちで管理しようとする動きのことを何というか。 | 資源ナショナリズム |

★★★★

| | | |
|---|---|---|
| **59**<br>□□□ | <u>資源ナショナリズム</u>の高まりを背景に、1974年に開催された国連会議を何というか。 | 国連資源特別総会 |

★★★★★★★★★★★★

| | | |
|---|---|---|
| **60**<br>□□□ | 1974年の<u>国連資源特別総会</u>で提出された新しい国際秩序に向けての改革を何というか。 | 新国際経済秩序<br>(NIEO) |

★★

| | | |
|---|---|---|
| **61**<br>□□□ | 産油国が、石油の輸出代金として受けとるドルを何というか。 | オイル・マネー(オイル・ダラー) |

★★★★

| | | |
|---|---|---|
| **62**<br>□□□ | 石油の探鉱・開発・生産から精製・輸送・販売まで、世界規模で展開する欧米の多国籍企業を何というか。 | 国際石油資本(メジャー) |

★★★★★★★★★★

| | | |
|---|---|---|
| **63**<br>□□□ | 1960年に結成された、石油輸出国のカルテル組織を何というか。 | 石油輸出国機構<br>(OPEC) |

★★★

| | | |
|---|---|---|
| **64**<br>□□□ | 1968年に結成されたアラブ諸国による石油輸出国の組織を何というか。 | アラブ石油輸出国機構(OAPEC) |

| ★★★★★★★★★★★★ | | |
|---|---|---|
| 65 □□□ | 発展途上国のなかでも、シンガポール・韓国・香港・台湾・アルゼンチンなど急速に経済発展をとげた国や地域を何というか。 | NIEs(新興工業経済地域) |
| ★★★★★★★★★★★★★ | | |
| 66 □□□ | 1990年代以降、経済発展が顕著な、ブラジル・ロシア・インド・中国の頭文字をとって何と呼ぶようになったか。 | BRICS |
| ★★★★★★ | | |
| 67 □□□ | 中国で1978年以降、鄧小平を中心に取り組まれた経済改革政策のことを何というか。 | 改革・開放政策 |
| ★★★★★★★★★★★★ | | |
| 68 □□□ | 1993年、中国の全国人民代表大会でおこなわれた憲法改正で明記されるようになった経済体制を何というか。 | 社会主義市場経済 |
| ★★★ | | |
| 69 □□□ | 1つの国のなかに、資本主義と社会主義の2つの社会制度が存在することを認めた制度を何というか。 | 一国二制度 |
| ★★★★★ | | |
| 70 □□□ | 1979年からの中国による開放政策で、土地・建物・労働力を提供して外国資本や技術を導入し、合弁企業化の促進をはかったことで指定された場所を何というか。 | 経済特別区(経済特区) |
| ★★★★★★★★ | | |
| 71 □□□ | 中国を起点としてユーラシア大陸全域や南太平洋を結ぶ経済圏構想のことを何というか。 | 一帯一路〔政策〕 |
| ★★★★★★★★ | | |
| 72 □□□ | 2015年に発足した中国が主導する、アジア向けの国際開発金融機関を何というか。 | アジアインフラ投資銀行(AIIB) |

## ■ ODAと経済協力

| ★★★★★★★★★★★ | | |
|---|---|---|
| 1 □□□ | 教育・文化・医療・福祉・国際協力など様々な分野の社会的活動をおこなう民間の非営利組織を何というか。 | NPO(非営利組織) |
| ★★★★★★★★★★★★ | | |
| 2 □□□ | 政府などによって、発展途上国の経済開発や福祉向上を目的としておこなわれる資金援助、技術協力、国際機関への出資・拠出や条件のゆるい借款を何というか。 | 政府開発援助(ODA) |
| ★★★★ | | |
| 3 □□□ | 無償資金協力と技術協力からなる、ODA の二国間援助を何というか。 | 贈与 |
| ★★ | | |
| 4 □□□ | ODA の二国間援助で日本政府から発展途上国の政府に向けて貸しつける長期・低金利の資金協力を何というか。 | 有償資金協力(円借款) |

| ★☆☆☆☆☆☆☆☆☆☆☆☆ | | |
|---|---|---|
| **5**<br>□□□ | 援助供与国が援助受入国に、供与国がおこなうプロジェクトに用いる資材や役務などの調達を限定したり、要求したりする援助形式を何というか。 | タイド援助 |

| ★☆☆☆☆☆☆☆☆☆☆☆☆ | | |
|---|---|---|
| **6**<br>□□□ | ODA資金を使って物資を輸入する時に、輸入国を限定しない額の割合のことを何というか。 | アンタイド率 |

| ★★★☆☆☆☆☆☆☆☆☆ | | |
|---|---|---|
| **7**<br>□□□ | 発展途上国に援助がおこなわれる際に資金援助条件がどれほどゆるい条件であるかを示す指数を何というか。 | グラントエレメント |

| ★★★★★★★★★★★☆☆ | | |
|---|---|---|
| **8**<br>□□□ | 発展途上国援助を各国間で調整し、促進する役割をもつ、1961年に発足した<u>OECD</u>の下部組織を何というか。 | 開発援助委員会<br>（DAC） |

| ★★★★★★☆☆☆☆☆☆ | | |
|---|---|---|
| **9**<br>□□□ | 1992（平成4）年に策定された、<u>政府開発援助</u>に関する日本政府の基本方針のことを何というか。 | ODA大綱 |

| ★★★★☆☆☆☆☆☆☆☆ | | |
|---|---|---|
| **10**<br>□□□ | 1993年以降、日本政府が主導して国連・国連開発計画・世界銀行・アフリカ連合委員会と共同で開催しているアフリカ開発を中心テーマにした国際会議を何というか。 | TICAD（アフリカ開発会議） |

| ★★★★★★★★★★★☆ | | |
|---|---|---|
| **11**<br>□□□ | 発展途上国の自立を支援する活動の1つで、適正な価格で商品取引をおこなう仕組みを何というか。 | フェアトレード |

## ■地球規模の課題

| ★★★★★★☆☆☆☆☆☆ | | |
|---|---|---|
| **1**<br>□□□ | 人間の活動が地球の環境全体に大きな影響をおよぼしていることを総称して何というか。 | 地球環境問題 |

| ★☆☆☆☆☆☆☆☆☆☆☆☆ | | |
|---|---|---|
| **2**<br>□□□ | <u>環境マネジメントシステム</u>の仕様を決めたものを何というか。 | ISO 14001 |

| ★★★★★☆☆☆☆☆☆☆ | | |
|---|---|---|
| **3**<br>□□□ | ある一定地域に生存している生物群とそれを取り巻く環境がつくり出しているシステムを何というか。 | 生態系（エコシステム） |

| ★★★☆☆☆☆☆☆☆☆☆ | | |
|---|---|---|
| **4**<br>□□□ | <u>レイチェル＝カーソン</u>による農薬の使用が生態系を崩していく危険性をもつことを警告した著作は何か。 | 『沈黙の春』 |

| ★★★☆☆☆☆☆☆☆☆☆ | | |
|---|---|---|
| **5**<br>□□□ | アメリカの海洋生物学者で1962年に『<u>沈黙の春</u>』を著し、農薬使用の危険性を警告したのはだれか。 | レイチェル＝カーソン |

| ★★★★★☆☆☆☆☆☆☆ | | |
|---|---|---|
| **6**<br>□□□ | ごみ焼却時などにも発生する有機塩素化合物で、猛毒かつ発ガン性や催奇形性をもつ物質を何というか。 | ダイオキシン |

| | | |
|---|---|---|
| ★★★★★ | 7 平常（過去30年の平均）の気象と大きく異なる気象のことを何というか。 | 異常気象 |
| ★★ | 8 大気中の水蒸気や二酸化炭素が地表からの太陽放射を吸収し地球をあたためる効果を何というか。 | 温室効果 |
| ★★★★ | 9 温室効果をもつ代表的気体で、地球温暖化への懸念から削減目標が掲げられた気体を何というか。 | 二酸化炭素（炭酸ガス） |
| ★★★★ | 10 環境に悪影響をおよぼす物質を排出するものに課し、排出を抑制させる目的をもった税を何というか。 | 環境税 |
| ★★★ | 11 化石燃料に炭素の含有量に応じた税金を課して二酸化炭素排出量をおさえることを目的とした税を何というか。 | 炭素税 |
| ★★★★★★★★★ | 12 人間のエネルギー大量消費による地球大気の温度や海水の温度が、長期にわたって上昇する現象を何というか。 | 地球温暖化 |
| ★★★ | 13 国連環境計画（UNEP）と世界気象機関（WMO）によって、1988年に発足した国際会議を何というか。 | IPCC（気候変動に関する政府間パネル） |
| ★★★★ | 14 1992年の地球サミットにおいて、リオ宣言の採択とあわせて調印・署名が始まった条約を何というか。 | 気候変動枠組み条約 |
| ★★★★★★★★ | 15 1997年に開催されたCOP 3（第3回締約国会議）で採択された議定書を何というか。 | 京都議定書 |
| ★ | 16 気候変動枠組み条約第3回締約国会議で採択された、京都議定書にある温室効果ガス削減のための経済メカニズムを何というか。 | 京都メカニズム |
| ★★★ | 17 先進国に定められた二酸化炭素排出量の削減目標について、それ以上に削減が進めば、削減分を金銭と引きかえに他国へ売ることができるというものを何というか。 | 排出権取引 |
| ★★ | 18 先進国による発展途上国での温室効果ガス削減プロジェクトの実施をおこなうもので先進国はこれを実施すると、自国での削減分とみなすことができる仕組みを何というか。 | クリーン開発メカニズム |
| ★★ | 19 条約や議定書を批准した国が集まる会議のことを何というか。 | 締約国会議（COP） |

| | | |
|---|---|---|
| ★★★★★★★★★★★☆☆☆☆☆<br>**20** ☐☐☐ | 2016年に発効した、2020年以降の気候変動問題についての国際的な枠組みを何というか。 | パリ協定 |
| ★★☆☆☆☆☆☆☆☆☆☆☆☆☆☆<br>**21** ☐☐☐ | 「気候のための学校ストライキ」、国連気候行動サミットにおける「怒りのスピーチ」で世界中から注目されたスウェーデンの環境活動家はだれか。 | グレタ＝トゥーンベリ |
| ★★★★★★☆☆☆☆☆☆☆☆☆☆<br>**22** ☐☐☐ | 地球上空約10〜50kmの成層圏にある層で、オゾンが減少することを何というか。 | オゾン層の破壊 |
| ★★★★☆☆☆☆☆☆☆☆☆☆☆☆<br>**23** ☐☐☐ | <u>オゾン層</u>を保護するために1985年に結ばれた条約を何というか。 | ウィーン条約 |
| ★★★★☆☆☆☆☆☆☆☆☆☆☆☆<br>**24** ☐☐☐ | 1987年、カナダで開かれた国連環境計画会議で採択された、<u>フロン</u>規制の協定を何というか。 | モントリオール議定書 |
| ★★☆☆☆☆☆☆☆☆☆☆☆☆☆☆<br>**25** ☐☐☐ | 1994年に採択された、<u>砂漠化</u>防止と干ばつの影響をおさえるための国際協調をうたった条約を何というか。 | 砂漠化対処条約 |
| ★★☆☆☆☆☆☆☆☆☆☆☆☆☆☆<br>**26** ☐☐☐ | 地球環境保護の視点から見直しがせまられている、すべての価値判断の中心に人間をおく考え方を何というか。 | 人間中心主義 |
| ★☆☆☆☆☆☆☆☆☆☆☆☆☆☆☆<br>**27** ☐☐☐ | 1972年に、ローマ・クラブが出した報告書を何というか。 | 『成長の限界』 |
| ★★★☆☆☆☆☆☆☆☆☆☆☆☆☆<br>**28** ☐☐☐ | 1972年にストックホルムで開催された、環境をテーマとする初の国際的会議を何というか。 | 国連人間環境会議 |
| ★★☆☆☆☆☆☆☆☆☆☆☆☆☆☆<br>**29** ☐☐☐ | 1972年のストックホルムで開催された、<u>国連人間環境会議</u>のスローガンを何というか。 | 「かけがえのない地球」 |
| ★★★★★★☆☆☆☆☆☆☆☆☆☆<br>**30** ☐☐☐ | 1972年の国連人間環境会議の決議で設立された、環境保護を目的とする国連機関を何というか。 | 国連環境計画<br>（UNEP） |
| ★★★★★★★☆☆☆☆☆☆☆☆☆<br>**31** ☐☐☐ | 1992年にブラジルで開催された、<u>リオ宣言・気候変動枠組み条約・生物多様性条約・アジェンダ21</u>などが採択された国際会議を何というか。 | 国連環境開発会議<br>（環境と開発に関する国連会議、地球サミット） |
| ★★★☆☆☆☆☆☆☆☆☆☆☆☆☆<br>**32** ☐☐☐ | <u>国連環境開発会議</u>で採択された、環境保護について21世紀に向けての行動計画を何というか。 | アジェンダ21 |
| ★★★★★☆☆☆☆☆☆☆☆☆☆☆<br>**33** ☐☐☐ | 1987年、国連「環境と開発に関する世界委員会」が提起した<u>地球サミット</u>の基本姿勢を何というか。 | 持続可能な開発（発展） |

| | | |
|---|---|---|
| ★★★★☆☆☆☆☆☆☆☆ 34 ☐☐☐ | 2015年に国連本部において開かれた、環境問題と持続可能な開発に関する国連主催の国際会議を何というか。 | 国連サミット |
| ★★★★★★★★★★★★☆☆ 35 ☐☐☐ | 2015年の<u>国連サミット</u>で加盟国の全会一致で採択された「持続可能な開発のための2030アジェンダ」に記載された目標のことを何というか。 | SDGs(持続可能な開発目標) |
| ★☆☆☆☆☆☆☆☆☆☆☆☆ 36 ☐☐☐ | 有害な廃棄物の国境をこえた移動を規制する条約を何というか。 | バーゼル条約 |
| ★★☆☆☆☆☆☆☆☆☆☆☆ 37 ☐☐☐ | 1992年の<u>地球サミット</u>で採択された、生物の多様性を保全することを目的とする条約を何というか。 | 生物多様性条約 |
| ★☆☆☆☆☆☆☆☆☆☆☆☆ 38 ☐☐☐ | 2010年のCOP10で採択された遺伝資源の取得と利用、利益の公正な分配に関する取決めを何というか。 | 名古屋議定書 |
| ★★★★★★★☆☆☆☆☆☆ 39 ☐☐☐ | 共有地で利用ルールをつくらずに、自分の利益が最大限になるよう行動すると、すべての資源が枯渇し、共倒れになってしまうという思考実験の考え方を何というか。 | コモンズ(共有地)の悲劇 |
| ★★☆☆☆☆☆☆☆☆☆☆☆ 40 ☐☐☐ | 地域住民から寄付金や会費を集めて土地や建物を買いとり価値のある建物を守る活動を何というか。 | ナショナルトラスト |
| ★★★★☆☆☆☆☆☆☆☆☆ 41 ☐☐☐ | 水鳥の生息地として国際的に重要な湿地と動植物の保全を目的として1971年に採択された条約を何というか。 | ラムサール条約 |
| ★★★★☆☆☆☆☆☆☆☆☆ 42 ☐☐☐ | 絶滅のおそれがある野生生物の国際取引を規制することで保護をめざす条約を何というか。 | ワシントン条約 |
| ★★★★☆☆☆☆☆☆☆☆☆ 43 ☐☐☐ | 地球環境にやさしい商品を優先して購入していこうとする消費者を何というか。 | グリーン・コンシューマー |
| ★★★☆☆☆☆☆☆☆☆☆☆ 44 ☐☐☐ | 1971年にアメリカの地下核実験に反対して集まった人々が、環境問題を根本的に解決することをめざして結成した国際環境NGOを何というか。 | グリーンピース |
| ★★★★★☆☆☆☆☆☆☆☆ 45 ☐☐☐ | <u>環境倫理</u>の考え方の1つで、人間以外の動物や植物、景観など自然そのものにも生存の権利があるという考え方を何というか。 | 自然の生存権 |

★✦✦✦✦✦✦✦✦✦✦✦✦

**46** □□□ 環境倫理の考え方の1つで、地球を一種の閉じた有限の世界であり、すべての価値判断に優先して尊重されるべきだとする考え方を何というか。

地球全体主義

★★★★✦✦✦✦✦✦✦✦

**47** □□□ 環境倫理の考え方の1つで、現在の世代は将来の世代のために責任を負うという考え方を何というか。

世代間倫理

# 索引

この索引は、解答として掲載している用語のページを示しています。

# 欧文略語索引

やまかわ　いちもんいっとうこうきょう
# 山川　一問一答公共

2024年 7 月　初版発行

| 編者 | こうきょうよう ご もんだいけんきゅうかい<br>公共用語問題研究会 |
|---|---|
| 発行者 | 野澤武史 |
| 印刷所 | 株式会社　加藤文明社 |
| 製本所 | 有限会社　穴口製本所 |
| 発行所 | 株式会社　山川出版社<br>〒 101-0047　東京都千代田区内神田 1-13-13<br>電話 03（3293）8131（営業）　03（3293）8135（編集）<br>https://www.yamakawa.co.jp/ |
| 装幀 | 水戸部功 |
| 本文デザイン | 株式会社　ウエイド（山岸全） |

ISBN978-4-634-05528-5　　　　　　　　　NYZS0101